高校体育教学
训练水平提升策略与实证

李　响／著

北京燕山出版社

图书在版编目（ＣＩＰ）数据

高校体育教学训练水平提升策略与实证 / 李响著
. — 北京：北京燕山出版社，2021.12
ISBN 978-7-5402-6310-2

Ⅰ.①高… Ⅱ.①李… Ⅲ.①体育教学—教学研究—高等学校 Ⅳ.① G807.4

中国版本图书馆 CIP 数据核字 (2021) 第 259024 号

高校体育教学训练水平提升策略与实证

著者：李响
责任编辑：邓京　郭扬
封面设计：马静静
出版发行：北京燕山出版社有限公司
社址：北京市丰台区东铁匠营街道苇子坑 138 号嘉城商务中心 C 座
邮编：100079
电话传真：86-10-65240430（总编室）
印刷：北京亚吉飞数码科技有限公司
成品尺寸：170mm×240mm
字数：206 千字
印张：11.75
版别：2022 年 6 月第 1 版
印次：2022 年 6 月第 1 次印刷
ISBN：978-7-5402-6310-2
定价：76.00 元

前　言

PREFACE

21 世纪是知识经济占主导地位的时代,随着科技的发展和信息化程度的提高,社会对人才的综合素质提出了越来越高的要求。为了应对这种变化,我国全面推行素质教育,努力提升大学生的综合素养。高校体育教学在培养大学生核心素养与综合素质方面发挥着重要的作用,不但能够使大学生拥有健康的体质,还能促进大学生实践能力、探索能力、创新能力的发展,最终实现培养全面型和创新型人才的教育目标。体育训练是高校体育的重要组成部分,属于高效化的教育方法,同时也是挖掘与培养优秀运动员的重要路径。体育教学与体育训练的有机结合与协调发展对全面推动高校体育发展及深入推进素质教育进程具有重要意义。但目前我国高校体育教学与训练的发展中存在一些不足与弊端,如教学训练理念落后、缺乏科学理论支撑、管理不到位、创新不足等,这些问题严重制约了高校体育教学与训练水平的提升,也制约了对大学生的培养效果。对此,要立足高校体育教学与训练的发展现状而探索有效的发展策略,继续深化改革,大力创新,从实践中积累经验,总结教训,努力提升体育教学训练水平。基于此,作者在查阅大量相关著作文献的基础上,精心撰写了本书。

本书共有 8 章内容,第一章分析高校体育教学理论及发展,以形成对高校体育教学的基本认识,了解我国高校体育教学的发展情况及影响因素,从而为研究体育教学发展策略和创新策略而提供现实依据。第二章对高校体育教学水平提升的基础理论支持策略展开研究,在科学、先进的教学理论指导下进行体育教学,对提升体育教学水平具有重要理论指导意义。第三章着重探讨高校体育教学水平提升的创新策略与实证,提出了体育教学各要素的创新发展策略及案例,对其他高校体育教学的创新发展具有现实参考意义。第四章分析高校体育训练理论及发展,以了解我国高校体育训练的现状、存在的问题以及影响训练发展的主要因素,从而为有针对性地探索提升训练水平的策略提供思路。第五章至第七章主要对高校体育训练水平提升的基础策略、运动队管理策略以及创新策略与实证进行详细研究。这些策略对全方位提升高校体育训练水平具有重要指导价值。第八章围绕高校体育教学训练水平提升的科学保障策略展开研究,包括师资保障、安全保障、质量保障,以保障各项策略的实施能够取得良好的效果。

总体而言,本书具有以下几个特征。

第一,系统性。本书首先对高校体育教学水平的提升策略展开研究,在分析高校体育教学理论与发展的基础上具体提出了提升教学水平的理论支持策略和创新策略;其次本书对高校体育训练水平的提升策略展开研究,同样先分析高校体育训练理论与发展,然后提出了提升训练水平的基础策略、管理策略和创新策略;最后从师资、安全、质量三方面全方位探讨高校体育教学训练水平提升的科学保障策略。

第二,创新性。本书在高校体育教学水平提升策略和体育训练水平提升策略的研究中均提出了创新策略,包括体育教学各要素的创新策略和体育训练各项内容的创新策略。创新是体育教学与训练发展的第一动力,没有创新,高校体育教学训练难以获得持续的发展,因此要加强体育教学与训练创新,采取创造性的策略来提升教学与训练水平。

第三,实用性。本书在体育教学和训练水平提升的创新策略的研究中,均结合实证展开研究,分析不同高校在采取创新性教学与训练策略后取得的实际效果,从而为其他高校体育教学与训练的创新提供有价值的参考和借鉴,全面提升各大高校体育教学与训练水平。

总之,本书主要围绕高校体育教学水平和体育训练水平的提升策略展开研究,提出了高校体育教学与训练水平提升的基础理论策略、管理策略、创新策略以及科学保障策略,并在创新策略的研究中结合案例进行了实证分析。希望本书能够为促进我国高校体育教学训练水平的提升做出贡献。

本书在撰写过程中参考并借鉴了很多专家、学者的研究成果,在此表示诚挚的感谢。由于作者水平有限,书中难免有不妥与疏漏之处,敬请广大读者批评指正。

作　者
2021 年 8 月

目 录

CONTENTS

第一章　高校体育教学理论及发展

学校体育离不开体育教学,高校体育的发展史见证了体育教学理论的改变与发展。目前,科学化、规范化、创新化的体育教学是促进学生健康成长、提升我国国民身体素质和综合素质的重要途径,高校体育教学的研究具有重要的理论和现实意义。因此,我国加强了对高校体育教学理论及发展的研究。本章主要围绕高校体育教学基础理论、高校体育教学发展现状与问题分析、影响高校体育教学质量和水平的主要因素三方面内容展开,为全面认识高校体育教学,强调高校体育教学的重要性,推进高校体育教学研究和科学化的实施奠定基础。

第一节　高校体育教学基础理论

高校体育教学基础理论主要包括体育教学的概念、高校体育教学的特点和原则等多方面的内容。

一、体育教学的概念

为了全面深入地了解高校体育教学的概念,首先需要了解与教学有关的知识,分析教学的基本含义。

（一）教学的概念

教学是教育工作者为传授具体学科知识或方法技能在一定场所内（通常为各学校、教育培训机构等）进行的一种有组织、有计划、动态的教学行为,教学的基本含义可以从宏观、微观两个方面进行分析。

（1）宏观角度。教学是教学者对受教者进行的一种特殊的教育活动,目的在于使受教者获得某种特定的文化、知识或技能。一般情况下,教学者(通常被称为"教师")掌握着更多的知识或技能,有着输出、传授知识的功能,教学者与接受教育的人(通常被称为"学生")共同构成了教学活动的主体。

（2）微观角度。教学是一种直观的教学活动,教师进行教授、学生进行学习。此活动中,教师作为知识传授者,是教学活动的引导者、组织者;学生则是教学活动的主体。简而言之,教学是一种"教"与"学"的活动。

总的来说,教学作为一种常见的教育活动,需要广大教师和学生的共同参与、密切配合,以实现具体的教学目标。

（二）体育教学的概念

不同版本的教材都出现了体育教学的概念,但是各种说法之间存在一定的差别。如在《学校体育学》(潘绍伟、于可红撰写)一书中,体育教学被定义为:教师与学生之间教与学的统一活动,学校体育学科教育的重要组成部分,实现学校体育目标的重要形式。其活动的实施场所主要在学校,主要参与者是体育教师和学生。具体的活动内容为学生在体育教师的指导下,了解体育学科的基本知识,掌握和提高体育运动技能、体育运动素养。具体的活动目标为促进学生身心健康发展,完善个性心理特征,提高社会适应能力,实现全面发展,最终成为新时代社会主义的建设者。

二、高校体育教学的特点

体育教学与其他形式的教学活动既有相似之处又存在着一定的区别。与其他形式的教学活动相比,其活动共性主要体现在以下几个方面。

（1）均属于教师与学生之间的双边活动。在体育教学活动中,教师与学生进行频繁的交流,常见语言交流、动作交流等多种形式。传统的教学注重教师向学生传授具体的知识,交流的方向主要从教师到学生,现代教学则重视交流方向开始逐渐从学生到教师转变。

（2）均需要系统的组织与管理。体育教学活动也需要体育教师规划教学目标、组织教学内容,管理教学活动。

（3）常见以班级为单位开展教学活动。根据具体的需要选择不同的团体开展教学活动。例如，学生入学时的班级、根据学生不同的兴趣爱好组成的单项班等。

（4）教学活动的目的均是传授具体知识或技能。

除了具备以上共性外，体育教学还具有其自身的独特性，其独特性主要表现在以下几个方面。

（一）教学环境的开放性

体育教学对教学环境提出了更高的要求，体育教学主要是在室外进行，需要较为专业的器材设施、场地场馆。目前，我国各高校的体育教学活动大多以体育实践课的形式进行，通常表现为体育教师在学校操场上组织体育课。相比于其他学科而言，体育教学的教学环境富有较强的变化性和开放性。

由于体育教学环境具有较强的开放性，开展教学活动时应该注意安全。在安全方面，我们需要重点关注以下几方面的内容。

（1）因为体育课易受到天气、地形、周边设施、噪音等多种因素的干扰，所以体育教学的组织管理工作显得更加复杂，更需要精心设计、统筹安排教学的组织形式、步骤方法。规范、科学的教学活动绝不是一种简单的、随意的教学活动，教师需要合理安排多种要素，正常、科学地开展具体的教学活动。

（2）体育教学通常是动态的，在大多数教学时间内，学生处于不断变化与跑动的运动过程中，在班级人数较多的情况下，教师可以根据实际的教学情况和教学需要，放弃统一教学的形式，采取分组教学。

（3）某些高校存在体育基础设施条件较差的现象，体育教师应重视学生的安全教育，保证学生在教学过程中的人身安全。

（二）教学过程的直观形象性

体育教学过程具有很强的直观形象性，主要体现在以下三个方面：讲解、示范、教学组织管理。

（1）讲解方面具有直观形象性。体育教师在进行课程讲解的过程中，需要做到语言生动形象、贴切有趣，艺术性地讲解体育知识，用语言把复杂的技术动作形象化，做到深入浅出，使学生感到易于理解、十分有趣,加深学生对教学内容的认知。

（2）教师对体育动作技能的示范具有直观形象性。对于任何一项体育运动项目来说,教学活动都涉及技术动作或战术配合指导,为了便于学生的理解,体育教师有时需要亲自进行动作示范,或者请优秀学生进行示范,分析学生在示范过程中的正误动作,制作教学模具、人体模型、动作图示等等。这些演示非常直观地展现在学生面前,不进行任何的艺术加工,使学生从感官上直接感知动作正确与否,帮助学生更快建立起正确、清晰的运动表象。学生在体育教学过程中通过观看直观的动作演示,获得生动的运动表象,并将表象与思维结合,最终达到掌握体育知识、技术、技能,发展自身观察能力、形象思维能力的目的。

（3）体育教学组织与管理过程也体现出直观形象性。体育教师和学生在体育教学活动中密切接触,关系融洽。体育教师的表现均是外显的、可观察的,因此,体育教师的言行具有更强、更为直接的榜样作用,无形地影响着学生的言行举止、运动习惯。学生的课堂表现则体现出学生在运动活动中最为真实的一面,体育教师需要认真观察、捕捉这些信号,有利于体育教师获得正确、及时的教学反馈,不断调整、修正教学内容、教学计划。

（三）技能学习的重复性

与传统的体育教学不同,现代体育教学应该以促进学生的身心健康,提高学生的社会适应能力为目标,使学生掌握一定的运动技能。为了实现这一目标,必须重视教学中运动技能学习的重复性。

运动技能的形成具有阶段性、规律性的特点,其技能形成过程大致可以分为四个阶段:分解动作阶段、连贯动作阶段、独立完成连贯动作阶段、熟练完成连贯动作阶段。学生只有经过长期、反复的练习,才能熟练掌握某项具体的运动技能。无论是篮球、足球运动中较为复杂的技术、战术,还是体操中的滚翻、田径中的跑步等技能,都需要经过长时间的学习与训练,经历由不会到会、由简单到复杂、由不熟练到熟练的发展过程。体育教师在此过程中,需要严格遵守循序渐进的原则,指导学生掌握基本的运动技能,合理安排练习内容、练习时间、练习的多种形式,通过不断的重复练习,帮助学生提高运动技能。

（四）身心练习的统一性

人们普遍认为，身体与心理属于两个不同的体系，两者间没有交集。然而，现代科学研究却发现，身体健康与心理健康之间关系密切，能够相互促进。因此，体育教学需要注重学生的身心共修，重视身心练习的统一性。

体育对人的改造，不仅体现在形态结构与生理机能的统一上，也体现在身与心的统一上。体育教学需要在促进学生身体改造的同时，强化学生的心理素质，发展学生的社会适应能力。体育教学营造出不同于智育教学的良好氛围，这些生动直观的、情绪化的教学情境，为学生心理适应能力的健康发展提供了良好的环境。

（五）教学条件的制约性

体育教学活动的实施涉及诸多要素，内容丰富。体现出一个显著的特点：教学条件中存在诸多制约因素。主要的制约因素包括学生的运动基础、其他基本情况（如年龄、性别、身心特点等）、体育教学场地、器材等等，这些因素都会影响最终体育教学的质量。具体来说，教学条件的制约性主要表现在以下两个方面。

（1）与学生有关的诸多因素，如男生、女生的不同身体形态、机能水平、运动能力等。体育教学要想顺利进行，收获好的效果，就需要格外关注学生在运动基础方面、个人体质方面的实际情况，加以区别对待。高校教育部门、体育教师在选择教材、制订教学组织等各项工作中需要充分考虑这些差异，保证具有良好的教学效果。

（2）与教学环境有关的诸多因素。体育教学环境质量的高低在很大程度上影响着体育教学的效果。例如，若体育教学活动面临严重的空气污染、噪声污染问题，势必会影响学生的状态与情绪；若体育教学活动突然遇到雨、雪、大风等恶劣天气，不仅会妨碍教学活动的开展，而且会威胁学生的生命安全。

三、高校体育教学的原则

高校体育教学活动的开展需要遵循以下基本原则。

（一）身心发展原则

身心发展教学原则指体育教学不仅要关注学生身体的发展，而且要关注学生心理品质、社会适应能力的发展。人是一个完整的有机体，其身心发展是统一的、和谐的，只有身体与心理相互协调，全面发展，人体机能才能正常运行。

贯彻身心发展教学原则需要做到以下几点。

（1）结合青少年生长发育的特点，关注学生体能的发展，遵循体能发展的规律，选择并合理搭配适合各学段、各学期、各单元的教材，重视教材的科学性和指导性。教师可以根据实际情况，针对不同年龄学生的具体特点，调整教材上训练活动的强度和内容。

（2）体育教师要加强对学生的身体健康知识教育，帮助学生认识到体育锻炼的重要作用，养成科学锻炼、终身锻炼的习惯。

（3）体育教师要注意体育教学活动的育人作用，深刻理解每一个技术传授活动、每一个竞赛过程本身所蕴含的体育道德规范、体育精神内涵、人际关系功用等等。通过体育教学，充分发挥体育学科的育人优势，成功培育出身心和谐发展的全面型人才。

（4）体育教师在体育课堂上要充分研究、了解学生的心理特点，激发学生的运动积极性，创新教学方法与手段，使学生愉快地参与体育活动，在根本上杜绝学生"逃避上体育课却热衷体育活动"的现象。

（5）教师在进行体育教学评价时，要深刻知悉教学评价的导向性功能，不仅要选择一些与学生身体健康、运动技能有关的指标，而且要选择一些与学习态度、人格形成、体育道德、社会适应能力有关的评价指标，将教学预设、结果评价相结合，使体育教学身心全面发展的原则得到落实。

（二）精讲多练原则

精讲多练原则指体育教师在吃透教材的基础上，用较少的时间将教学目标、教材上的教学内容（包括动作技术要领）向学生讲解清楚之后，鼓励学生利用各种机会和时间多加练习，参与到实际的身体锻炼之中。"精讲多练"将讲、练充分结合，既重视讲的作用，又保证练的需要，发挥了师生双方的积极性。教师的"精讲"是基础和前提，为学生的"多练"

提供有效的指导，腾出学生宝贵的时间。

贯彻"精讲多练"教学原则需要做到以下几点。

（1）保证"精讲"内容精要。教师的讲解必须紧扣教学目的、教学要求，突出运动技术重点、难点，真正做到少而精。年轻的教师要多向有经验的教师请教，避免发生长时间背诵书本知识，讲解内容繁杂、缺乏目的性的情况。

（2）选择恰当的"精讲"方法。教师选择的讲解方法要符合学生的实际水平、教材的具体特点。例如，面对小学生，教师的讲解就要口语化，生动形象；面对初中生，教师的讲解要在形象化教学的基础上增加抽象性的内容等。

（3）保证"精讲"语言精练。教师的讲解要做到要言不烦，具有很强的点拨作用，能够启发学生的思考和想象。体育教师可以创造性地编一些口诀，讲解的口诀化能够有效减少教学时间，帮助学生理解运动原理。体育教师在"精讲"的基础上，还要注意讲解时的语调、语气等，以便调节课堂气氛，达到最佳的讲解效果。

（4）保证"多练"的质量。体育运动的特殊性决定了运动技能的习得需要有足够的练习。高校体育教师在尽可能让学生多练的同时，要保证学生练习的质量。因此，体育教师需要为学生制订最有效的练习方式。

（5）"多练"方式的多样化。体育教师要采用多样化的练习方式（如重复练习法、间隙练习法、游戏练习法等），使学生达到掌握运动技能的目标。练习方法的选择应该因人而异，区别对待。

（6）将"多练"与动脑结合起来。不动脑的"多练"是低效的，在练习的同时，要多思考、多动脑，发现问题，提升能力。学生每次的练习条件、目的、方式都不同，需要学生认真分析、总结每一次的练习情况，逐步提升练习效果，而不是反复做简单、枯燥的练习。

（7）在教师的科学指导下"多练"。学生的练习离不开教师的点拨与指导，毕竟教师作为引导者，拥有更专业的知识背景和经验。有时，教师的点拨会让学生茅塞顿开，为学生节省很多宝贵的时间。所以，学生要在"多练"环节积极动脑，提升思维能力，优化训练效果；而教师要发挥指导作用，不断给予学生有效的反馈信息。

（三）安全卫生原则

基于高校体育教学活动安全与卫生问题的特殊性,增设了"安全卫生"的教学原则。安全卫生原则指体育教学的具体设计、实践活动必须时刻关注学生的运动安全与卫生问题,在校园内做好预防措施,制订安全保障方案,以减少学生在体育活动中不必要的身体伤害。

贯彻"安全卫生"教学原则需要做到以下几点。

（1）树立"健康第一""安全第一"的思想。体育课的安全问题始终是各高校体育教学活动中的大问题。近年来,虽然政府部门、学校领导高度重视学生在体育课的安全卫生问题,但依然频频发生身体伤害事故。教师在进行体育教学过程中一定要树立安全意识,把学生的安全问题放在首位。

（2）体育教师在教学课程的实施过程中,需要做好安全措施。"凡事预则立、不预则废"。课前,体育教师要早早到达上课地点,提前布置上课的场地、器材,打扫环境。这种做法体现了教师的工作态度、责任心。其次,体育教师要提前检查课堂上需要使用的器材,特别是单杠、跳马等等。在体育课堂上,体育教师应该先带领同学们做好准备活动,避免在高强度的运动活动中出现损伤。准备活动一般包括基础准备活动和专项准备活动,准备活动能够帮助学生充分活动开身体各部位关节、肌肉。体育教师有义务在体育课中教会学生基本的自我保护方法,引导学生合理地参加体育运动,及时避免发生严重的伤害事故等等。

（3）在遵循"安全第一"原则的基础上,符合体育教学规律。体育教师在选择运动项目时,不能只选择难度很小的教材,不能弃难求易,理应使学生体验到各种运动项目带来的快乐。

（4）关注体育教学过程中的运动卫生。如今,社会处于快速的进步与发展之中,大多数高校的运动场所已今非昔比,通常设备完善、干净整洁。运动卫生问题不仅限于环境干净,而且还涉及自然环境（如冷热环境等）的变化。在冷环境下运动,需要注意运动的强度、衣服的增减等问题;在热环境下运动容易出现中暑、晕厥等现象。运动建筑设备方面也存在卫生问题,如室内建筑的采暖、降温、照明等,游泳池池水的卫生等,都直接影响着学生的健康。需要强调的是,教师需要提醒学生在运动过程中注意运动卫生,传授基本的安全卫生常识。例如,运动中不要过量饮水,长跑之后不要躺下休息等。

第二节　高校体育教学发展现状与问题分析

随着经济的发展,我国的高校教育也在不断发展。我国高校体育教师在体育教学的实践过程中发现了一些问题,并对现阶段的发展状况与存在的问题进行了较为深入的分析,积极寻求改革措施,以提高教学的质量和水平,为国家和社会培养更多的优秀人才,促进高校体育教学的长久发展。

一、高校体育教学发展现状

(一)体育教学目标发展现状

体育教学目标的确定与实施指导着教师日常的教学活动,在很大程度上影响着高校体育教学的发展。

2002 年《全国普通高等学校体育课程教学指导纲要》(下文简称2002 年《纲要》)中指出体育课程教学目标五个目标领域:"心理健康目标、身体健康目标,社会适应目标、运动参与目标、运动技能目标。"[1]五个子目标的提出顺应了社会对学生的多元要求,有利于推进高校体育教师的实际教学活动。

高校不同教师对体育教学目标有各自的理解和认识(表 1-1)。

表 1-1　高校体育教师对教学目标的认识(N=140)[2]

排序	教学目标	频数	频率 %
1	掌握体育锻炼方法,树立终身体育观念	107	76.4
2	调节情绪,劳逸结合	88	62.9
3	掌握体育保健知识,树立健康第一的观念	77	55.0
4	培养学生的社会适应能力,合作精神	76	54.3
5	掌握运动技能,提高运动技术	46	32.9

① 蔡维 . 广东省民办高校体育教学现状与对策研究 [D]. 广州大学 ,2013.
② 同上 .

根据上述的调查结果,我们可以得出以下结论:高校中 76.4% 的体育教师将"掌握体育锻炼方法,树立终身体育观念"看作自己的教学目标,只有 32.9% 的体育教师将"掌握运动技能,提高运动技术"看作自己的教学目标。由此可见,教师更加注重学生综合素质的培养,思想观念的改变。总体而言,高校体育教师对教学目标的认识有利于高校实现体育教学目标的多元化。

（二）体育教学内容选择情况

目前,我国各高校大力改革体育课程内容,其内容的选择充分体现体育课程的健身、休闲功能。

现在,高校大学生大多是 90 后、00 后,其显著特点是思维活跃、兴趣广泛。通常情况下,男生偏爱对抗运动,女生偏爱改善形体的运动。各高校紧紧抓住大学生的兴趣,开设形式多样的选修、必修课程,鼓励学生选择自己喜欢的体育项目,为呈现出较好的体育教学训练效果。

体育课堂上,进行有针对性的教学,学生的体育学习效果会更好。体育教学内容的选择充分结合学生的专业情况、专业特点,设计有针对性的教学内容,体现出专业特色。相较于文科生,工科生需要较强的动手能力。例如,土木工程专业的学生需要在工地上干一些体力活,体育教学的内容将重点放在加强学生的上肢力量、下肢力量上,避免学生在工地上工作时出现较为严重的身体健康状况。

高校在选择体育教学的内容时,要尊重学生身心发展的客观规律,结合学生的兴趣、学校的硬软件设施等,开设多样化的体育课程。

（三）体育教学方法选择情况

体育教学方法是体育教师为实现教学目标、完成教学任务,经过精心选择,最终选择的具有一定技术性的教学活动。体育教师应该在教学实践的过程中,深入研究、探索不同的教学方法,结合学生的实际特点灵活选择。好的教学方法应该做到有效加强老师、学生间的互动与交流,让学生充分享受运动的乐趣。

体育教师常用的教学方法有以下几种:讲解法、示范法、互动式教学法、比赛法等。其中,讲解法最为常见,被各高校体育教师广泛使用。由此可见,体育教师较少进行教学方法的创新,依旧采用较为传统的教学方式。但此方法具有明显的弊端,降低了学生在教学活动中的主体地位,不利于其创新性思维的培养。也有相当一部分教师习惯采用示范法、分解法进行教学,教学方法相对陈旧,对于男生和女生教师通常采用相同的教学方式,很少能够做到因材施教。

（四）体育教学条件基本情况

教学效果很大程度上受到教学条件的影响,优良的教学条件能够为学生学习提供良好的氛围和环境,也能够为取得良好的学习成果提供保证。①

1. 体育教学场地情况

目前,我国各省高校的体育教学设施并不完善,现阶段体育教学场地的基本情况如下。

（1）普通高校体育场地存在数量少、场地小等问题,学生的锻炼需求难以得到满足。许多学校难以承担巨额费用建设大型运动场地（如规范的网球球场等）。基于此原因,学生大多接触的是传统的小型体育运动项目,难以了解和参与现阶段先进、新型的体育运动项目。

（2）场馆功能单一,缺少综合性的场馆。目前,我国各高校的运动场馆一般只针对某一个具体的体育项目。最近几年,国家体育教育部门和学校领导对体育教育越来越重视,投入了较多的资金进行场馆建设、购买器材配备,场馆的整体水平大幅提高。

（3）各高校对运动场地的使用情况存在较大的差异。其中,篮球、田径两项运动项目场地的使用频率较高,相比之下,足球运动场地的使用频率就较低,利用率不高,在一定程度上造成了资源的浪费。因为足球场地要比篮球、田径等场地占用更多的土地,交付更多的租金,足球场地的利用率不高使得资金投入受到制约。

2. 体育教学器材情况

国家、各高校加大了对体育教育的支持力度,投入了大量的资金建设场地,器材配备也逐渐完善。体育器材作为高校体育教学的必备设施,已经日渐成为学生锻炼身体、休闲娱乐的一部分。现阶段体育教学器材的基本情况如下。

① 张楠.吉林省普通高校体育教学现状及对策研究[D].吉林体育学院,2016.

（1）各学校缺乏对体育器材设备的及时更新。有调查结果表明，各高校场馆中超过 80% 的器材已使用了两年之久，仅有 20% 左右的体育器材保存完好，质量过关。

（2）各高校学生数量较多，体育器材的使用次数较多，器材设备的维护较为困难。羽毛球、网球等器材由于其具有流动性强、易损坏的特点，比较短缺。因此，尽管学校配备了相关器材，也难以满足学生的需求。校方应该加大对器材维护的力度，保证学生日常的体育锻炼需求。

（3）学生对不同体育项目的积极性与学校器材建设之间存在冲突。学生对不同体育项目有着个性化的需求，校方缺乏深入的调查、沟通，及时补充相关器材，教师未能及时知悉学生的运动需求，合理设置教学的具体内容，满足学生的锻炼热情和学习要求。校方应做到完全从学生的身心健康出发，促进学校教育的快速发展。国家部门应该注重对高校体育建设的宏观调控与指导，大力发展高校体育事业。

（五）体育教学评价情况

体育教学评价作为一种价值判断、综合考评标准，全面考量了体育教学工作的过程和结果，是体育教学活动的重要环节，影响着高校体育教学的发展。常见的教学评价方式有体育教师自评、互评、学生评价、同行专家评议等，教学评价有显著的反馈、调控、鉴定功能，能够有效提升高校学生的学习积极性。

学生的体育考核更加注重过程评价，将学生的体育学习态度纳入考评体系，体育教师教学活动的考核大多采取教师之间互评，学生匿名评价等多种形式。对体育教师的"教"、学生的"学"逐渐建构起一个科学的、完善的评价体系。

有专家展开相关调查了解高校体育教师对教学评价的看法。调查结果显示，一半以上的教师认为教学评价"非常重要"，只有不到 10% 的教师认为教学评价"不重要"。可见高校体育教师对体育教学评价还是比较重视的。我国应该采用多种考核方式，加大力度健全体育教学评价体系。

（六）体育教师队伍情况

有专家调查学生对体育教师专业水平的认可情况，调查结果不容乐观。将近 20% 的学生认为体育教师不具备专业水平；55.11% 的同学认可教师的专业水平；剩下的学生认为体育教师的专业水平一般。由此可见，某些高校的公共体育教师的专业水平不足，没有接受过体育执教培训，有相当一部分教师是以研究生的身份加入到体育教师队伍中的，重视教材的理论性研究而缺乏执教实践。由于缺乏经验，体育教师难以根据学生的具体情况展开针对性教学，阻碍了体育教学的发展。

二、高校体育教学中存在的问题

（一）体育教学资源配置不合理

目前，高校体育教学与市场需求脱节，导致出现了高校体育教学资源配置不合理的情况。在社会大环境下，体育市场的需求不断发展变化，高校只有结合体育市场的需求合理配置体育资源，才能提高体育人才培养的质量，确保学生的长远发展。[①] 毕竟，高校培养体育人才是为了服务社会。

（二）体育教学方法过于单一

许多高校体育教师缺乏创新思维、创新意识，仍旧采用传统的教学方法进行体育教学，教学流程也一成不变：热身、动作要领讲解、学生自主练习或自由活动，课程的最后教师验收成果，了解学生在课堂上对动作要领的掌握情况。传统的教学方法使学生长期被动地学习，学生和教师之间缺少紧密的配合、互动，以至于大部分学生在课堂上没有精神和热情，机械的进行练习，影响了体育学习的质量，降低了学生对体育活动的兴趣。

（三）体育实践教学不受重视

很多教师在教学的过程中轻视实践教学，这种做法有较大的危害。

---

① 康瑞鑫.高校体育教学现状及创新策略 [J].当代体育科技,2015,5(35):8-9.

许多对体育运动感兴趣的学生可能会在未来从事与体育相关的工作,但企业、用人单位往往会更看重学生的实践能力。例如,若学生立志成为专业的运动员(游泳运动员、篮球运动员等),学生需要具备过硬的专业基础、专业技能,较高的心理素质和应变能力,这些能力的培养离不开大量的实践活动。但是目前高校中的许多教师在体育教学中过于重视理论知识,忽视实践教学,以至于学生的综合素质普遍不高,难以满足企业的用人需求,解决社会的实际需要。

(四)体育教师的个人能力不足

体育教师长时间受传统体育观念的约束,受竞技体育的影响,导致个人缺乏过硬的能力,其主要表现在以下几个方面。

(1)教学观念相对陈旧。在素质教育的环境下,现代高校体育的教学模式逐渐向立体化教学方式转变,教学的重点转向培养学生的体育态度、兴趣、习惯;教学的评价关注于对学生学习过程的评价,而不单单看重学生的运动成绩。教师的角色、具体的教学组织形式、教学方法手段等等都做出了相应的调整,进行了改革与创新。但有相当一部分体育教师的教学观念相对落后、保守,影响了体育教学的发展。

(2)知识体系较为混乱,不合理。教师在体育学科方面的专业素养、知识体系,决定着体育教学的质量、体育课程的专业性,极大影响着学生的能力和水平。但现阶段我国大部分体育教师自身的知识体系不够系统。

①知识体系跟不上时代的发展。合理优化的知识体系实则应该具有时代特征,反映现代体育科学的新观念、新思想,适应市场经济的变化,适应整个社会对体育人才的需求。而目前,体育学科的知识体系缺乏创新,缺乏与其他国家的沟通交流,慢慢赶不上时代的步伐,在世界范围内处于较为落后的状态。

②文化基础较为薄弱。教师扮演着教书育人的角色,应该具备基本的人格修养、道德修养、人文素质和专业的职业素质。体育教师理应与其他学科的教师相同,具有基本的教育素养和深度的教育知识。只有具有较强的文化基础、人格魅力,才能成为学生的榜样,赢得学生的尊重,让学生更为积极地参与到体育教学活动中。而目前,大多数体育教师将自身培养的重点放在体育专业理论知识、实践教学上,疏于掌握基本的

文化知识。

③专业知识偏而窄。当代体育教师的专业知识应该更加广博,不仅需要具备人体科学知识、学校健康教育理论、卫生教育理论与实践知识,还需要具备一定的竞技训练知识。而现阶段,许多高校体育教师将自己的专业知识限制在很小的领域内,缺乏开阔的视野、广阔的知识面,难以保证体育教学的质量和水平达到向学生进行传道授业的最佳效果。

第三节　影响高校体育教学质量和水平的主要因素

评价高校体育教师的教学工作离不开考察其教学质量,教学质量决定着人才培养的质量,决定着人才的竞争力,决定着各高校的前途和命运。如何提高高校体育教学的质量与水平一直受到我国广大教育工作者的关注,提升教学质量已成为民心所向。本节内容将深入探索影响高校体育教学质量和水平的主要因素,希望能够完善体育教学质量相关理论,引导学校管理者、广大教师采取一定的干预措施,切实提升体育教学质量。

一、校方的管理

学校的管理制度影响着体育教学的质量和水平。只有制订合理、完善的管理制度、章程,做到有法可依,有法必依,教学工作才得以有条不紊地推进,保证好的教学质量。没有好的管理班子、管理制度,教学工作将举步维艰。校方领导作为学校教学工作的主导者,对体育教学工作的重视程度能够促进改善学校的管理制度,影响体育教学的实施。管理工作中采用人性化的管理方式,以学生为本,充分肯定学生的主体地位,完善教师科研、教学系统,制订完备的规章制度,是保证教学质量必不可少的前提条件。

校方可从以下方面着手,采取有效的措施加强管理,保证体育教学质量。

（1）制订明确的管理制度。

（2）明确各级人员的管理职责,加强体育教师队伍建设,提升体育教师在高校中的实权。

（3）对资金进行合理分配,加大对体育教学、各项体育活动赛事的资金投入,提升体育教师的待遇水平和科研经费。体育教师的待遇水平在一定程度上反映出社会、学校对体育学科的重视程度,直接影响着体育教师的生活质量和教学积极性。良好的待遇是对体育教师工作的肯定,能够提升体育教师对自身工作的认可,无形中对教学工作更加热爱、上心,也具备足够的动力去提升自己的教学水平,保证教学质量。追加体育教学的科研经费,能够帮助教师持续不断地更新教学理念,对教学活动的开展有明显的帮助。

（4）定期开展关于体育教学工作的座谈会、体育教师业务培训。定期的培训能够向教师传授先进的管理知识、专业知识、技能方法,能够拓宽体育教师的视野、提升体育教师的教学能力,从而影响实际的教学效果。

二、教师因素

（一）教师队伍建设

师资队伍为保障教学质量提供了先决条件,师资队伍的水平直接决定着学校教育教学的质量。学校大力建设高素质的教师队伍对于保证人才培养的质量起着至关重要的作用。大学的荣誉不仅体现在学校的规模上,更体现在一代又一代高水平的教师队伍上,只有具备出色的教师,一所学校才能立得住。素质优异、结构合理、敢于创新的教师队伍,是保证教学质量的关键所在。体育教师主导着体育教学活动,稳定的、优秀的体育教师往往能激发学生的兴趣,获得学生的认可与尊重,达到良好的体育教学效果。

开放的人才市场、快速发展的社会主义市场经济对于优化教师队伍而言,既是机遇又是挑战。只有具备充足、稳定的教师队伍才能稳定教学秩序,为提高教学质量提供保障。有些高校(大多为体育院校)教师受经商、出国等潮流的影响,选择放弃从事体育教师这一职业,开始从商、出国、投入到各行各业,体育教师队伍的稳定性遭到了巨大的挑战。

第一章 高校体育教学理论及发展

针对这一情况,我国采取了各种有效措施加强专业体育教师队伍的稳定性。

在教师数量方面,多数体育院校采取培养与引进并举、专职与外聘结合等办法,不断提升师资队伍的建设速度。随着教师队伍的扩大、教师数量的增加,师生比例逐渐得到改善,现在基本达到了 1：11 的要求。处在高等教育大众化的今天,稳定、充足的教师队伍、师资力量成了保障教学质量与水平的坚实后盾。

在教师队伍结构方面,目前存在着诸如教师职称结构不合理、拥有博士学位的教师数量偏少等一系列问题。有相关调查结果表明,安徽省6 所高校中球类课程的师资队伍结构均存在教师的年龄结构不合理、教师职称结构偏低等诸多问题。江西省体育教师队伍呈现素质不高、学科带头人数量偏少等诸多问题。但在大多数体育院校中,教师队伍结构比较合理（表 1-2 ）。

表 1-2　三所具体体育院校师资队伍结构统计表[①]

学校	年份	总人数	职称结构		学位结构		年龄结构		学缘结构	
			人数	高级专业技术职务教师比例（%）	人数	具有硕士、博士学位教师的比例（%）	人数	45 岁以下中青年教师的比例（%）	人数	外校毕业教师的比例（%）
北京体育大学	2005	421	212	50.36	199	47.26	307	73.01	150	35.63
	2007	510	244	47.84	271	53.14	367	71.96	210	41.18
沈阳体育学院	2005	342	146	42.70	117	34.20	259	75.70	165	48.20
	2007	397	187	47.10	210	52.90	299	75.30	200	50.40
成都体育学院	2006	546	194	35.53	232	42.49	390	71.40	266	48.70

① 林顺英.论普通高校体育教育本科专业教学质量保障[D].福建师范大学,2008.

需要重点关注上表中以下几个方面的内容。

①职称结构。各体育院校坚持择优聘任,完善教师职务评聘管理制度,加大力度引进青年教师,加大职务评审力度,高级专业技术职务教师的比例保持相对稳定。

②学位结构。在体育教师师资队伍中,拥有硕士学位以上的教师数量逐渐增加,明显改善了各高校体育教师的学历结构。

③年龄结构。体育教师的年龄结构得到优化,师资队伍形成了以青年教师为中心、老中青三代结合的显著特点。

④学缘结构。各体育院校加大力度引进国外的优秀技术人才,录用其他著名高校的毕业生,鼓励、引导、甚至资助体育教师到国内外高水平学府攻读硕士、博士学位,不断优化教师队伍的学缘结构。

(二)体育教师的个人素质

在各所高校中,教师不仅是教学活动的主体,人才培养、知识传播的主体,更是教学内容、课程体系建设的最主要设计师。俗话说得好,有什么样的教师就有什么样的学生。在体育教学活动中,作为主导者的体育教师,其个人素质水平与教学活动的开展、教学的质量和水平息息相关。但现阶段,体育教师的自身素质还不过硬,导致体育教学的质量不能得到保证。

教师素质的"三要素"分别为:知识、能力、职业道德。拥有一支专业素质过硬、专业技能全面、科研成果丰富、职业道德水平高、体育教育热情高涨的体育教师队伍,一定能够保证一流的教学效果,培养出符合社会实际需要的复合型体育人才。相关调查结果显示,各专家充分参照体育专业教师的具体特点,得出以下影响体育教学质量的重要因素:教学要求、教师业务水平、教学态度、教学方法等。在以上各因素中,教学态度、教学要求等具体因素属于职业道德范畴,教师业务水平、教学态度等具体因素则与教师的专业知识能力密切相关。各种因素共同作用、相互促进,才能保证教学任务的顺利完成。

目前,我国各所高校中的大部分体育教师毕业于专业的体育院校,接受过专业的、较为系统的体育教育,有较高的运动技术水平。与其他学科的教师相同,高校体育教师理应掌握现代教育的科学理论、拥有广博的科学文化知识、较强的专业知识,具有基本的学术水平、科研能力等等。

只有具备全面发展的体育教师,保证体育教师队伍中的个体具有良好的个人素养、业务能力,愿意跟进时代的步伐,不断更新自己的知识体系,提升自身的教学方法和探究能力,才能从根本上保证体育教学的高水平、高质量,积极引导学生进行体育学习、比赛、训练,帮助学生树立起终身体育的观念,积极投入到体育活动中来,投入到我国体育事业的建设中来。

三、生源质量

学生可以被比喻为是原材料、"毛坯",只有使用好"毛坯"才能制作出优质产品。作为高等教育的接受者,生源质量直接影响着学校教学的最终成果以及培养人才的质量。随着高等教育大众化的到来,许多知识水平欠佳、个人能力不强的学生有了走进大学校园的机会,入学时学生之间存在着较大的成绩差异。

经调查,自扩招以来,大多数普通高校体育教育本科专业的生源质量水平有所下降,主要体现在专业技能水平的下降上。生源整体质量的下滑增加了专业技术课教学的难度,影响了教学质量整体水平的提高。深入探讨其中的原因,体育专业测试中项目设置的改革在很大程度上导致了生源质量的下滑。学生要想通过体育进入到高等院校,需要参加普通高校体育教育专业招生考试,即体育测试与文化考试。针对体育测试,部分省(市)开展两项测试:身体素质测试和专项素质测试,而部分省(市)只进行身体素质测试。仅设置身体素质这一个测试项目使得大量学生的专业技能水平不过关。

总而言之,招生是人才培养的第一关,也是非常重要的一个环节,只有把好生源质量关,教学质量的提高才有一定的基础和保障。好的生源质量为提高教育教学质量奠定良好的基础;好的教育教学质量又可以反过来吸引好的生源,二者相互影响,存在着循环效应。

四、教学方法

体育教师应该不断创新自身的教学方法,致力于提升教学质量。体育教师应该采取多样化的教学方式(如启发式、讨论式等),在理论教学、技能教学的过程中,注意发挥学生的主动性、创造性。以北京体育大学为例,学校最近几年积极进行教学方法的改革,采取了许多措施,使得教学的质量显著提高。例如,邀请众多教学名师为在校师生上示范课,大力宣传、讨论教学方法的改革与创新,组织体育教学课堂观摩活动,举办体育教师基本功大赛等等。在多种有效措施的激励下,北京体育大学创造了许多深受学生欢迎的教学方法,其形式新颖,体现出了先进的教育思想。如武术教研室根据"突出拳种、优化套路、强调应用、弘扬文化"的教学方法改革思路;体操教学中总结出了"要素合成法"等行之有效的教学方法。[①]

随着时代的进步、社会的快速发展,现代教育技术手段被越来越多地运用到高校教学中,成为深受学生欢迎的教学方法与手段,帮助师生更快地达到教学的目标。一支粉笔、一块黑板,以教师讲解为中心的传统教学模式显然已经不适应时代的发展,其在课程的进行过程中,对大多数学生缺乏吸引力。单调的教学模式毫无疑问会扼杀学生的个性、创造性,僵化学生的思维。我国高等教育逐渐大众化后,学生大规模地拥入各所高校,教学资源更新与添加的速度明显跟不上学生数量的增长,采用传统的教学手段进行教学,将难以开展各项教学活动。

运用先进、有效的教学方法将显著提高教学效率和教学水平。21世纪正处于信息化时代,多媒体技术融入我们的生活,进入到校园的课堂中,体育教学可以充分利用多媒体技术,整理、编辑、加工各种难度较大的技术动作,将其制成电脑动画,再配上简洁明了的文字,进行深入的技术剖析,将会明显缩短教学的时间,减轻教师的教学负担,同时使学生更加清楚地了解技术动作的要领,加速形成正确的动作概念。另一方面,运用多媒体技术可以在很大程度上消除专业理论教学的枯燥性,教师可以借助多媒体技术,图文并茂地描述各种运动形式,模拟各种运动技术,帮助学生更加直观、生动地理解所学的知识。总而言之,多媒体技术作为一种新颖、形象的表达工具,为学生展示了生动的学习情境,激发了学生的兴趣,发展了学生的思维,全面提高了学生的素质,有助于体育教学的顺利开展。

然而,体育教师受到思想认识、计算机知识水平等各种因素的限制,其运用多媒体教学的能力还不够,无法充分发挥出多媒体教学的各项功

---

① 林顺英.论普通高校体育教育本科专业教学质量保障[D].福建师范大学,2008.

能和价值。有相关调查结果显示,超过一半的学生认为体育教师多媒体教学的应用效果不佳;只有少部分学生认为体育教师经常在课堂上运用多媒体教学,而且在课堂上呈现出较好的效果。因此,体育教师应该尽快提升自身运用现代教育技术教学的能力,加强现代技术学习,不断补齐自身短板,提高教学效率。目前,多所体育院校大力倡导教师运用多媒体技术,精心研制高水平的课件,投资建设教学课件制作实验室,对教师进行定期的培训。有学校甚至对运用多媒体技术提出了硬性要求,如提出在学科必修课程中,多媒体技术的授课比例应达 95% 以上的具体指标。由此可见,多媒体等现代化教学手段在体育教学中已经逐渐应用起来,不仅使师生之间有了良好的互动,起到了教学相长的作用,而且有效地改善了教学效果。

总而言之,在体育教学中不断创新与改进教学方法,能有效推动教学质量的稳步提升。

五、物质资源投入

物质资源包括体育场地设施、体育场地设施的维护与管理、室内体育场地和器材、体育经费的投入等多方面的内容。

各所高校开展体育教学工作,均离不开体育场地、器材、体育经费的保障,物质资源的投入极大影响着高校体育教学的质量与水平。学校体育场地设施的建设,体育器材配备的置备、体育场地设施的管理和维护都需要充足的资金保障和校方领导、政府部门的重视。一旦学校的招生规模进一步扩大,体育场地器材无法满足实际体育教学的需求,体育教学的质量和水平势必会大打折扣。各所高校需要保证经费的投入力度,加大对体育场地器材、经费的投入,鼓励企业或个人提供赞助,保证体育教学工作的顺利开展。

六、校园文化

校园文化是伴随着学校的出现而产生的一种独特的文化形态。校园文化渗透于校园的各个角落,渗透于学校的教学、科研、管理和各种活动之中,以师生活动为主体,以社会先进文化为主导、校园精神为底蕴,是全体师生在较长的时间内创造出的物质文明和精神文明的总和。

校园文化可以被划分为物质层、制度层、精神层、行为层四个具体的层面。物质层作为校园文化的载体,是基础,是前提条件,往往透射出学校的办学思想、教育方针、道德价值观念、校风学风等,其主要包括校容校貌、科研条件、各种文化体育科技活动。制度层保障了校园文化的顺利生成,规定了学校成员应遵循的行为准则(包括校纪校规、公约和习俗习惯等)。精神层是校园文化的核心和灵魂,是校领导、全体师生共同信守的价值观念、道德风尚,主要包括学校目标、学校精神、校风学风、办学思想等具体内容。行为层包括以教学为中心的各种行为方式。校园文化是一个有机的整体,校园文化建设是高等学校建设的一个重要组成部分,其建设的结果直接影响着学校的教学水平和质量。

第二章 高校体育教学水平提升的基础理论支持策略

高校体育教学是促进大学生体能、智能及其他能力全面发展的重要路径。科学组织与实施体育课程教学过程,不但能够培养大学生的健康体质、运动能力,还能使大学生正确而深入地理解体育科学,提升大学生的思维能力和理解能力。如此显著的体育教学效果是体育教师在科学理论的指导下通过体育教学实践而实现的。以科学理论充实高校体育教学是教学改革的必然要求,也是实现体育教学目标、提升体育教学水平和质量的有效途径。本章着重对高校体育教学水平提升的基础理论展开研究,主要内容包括有效教学理论、教学过程最优化理论、卓越绩效理论、信息化教学理论等,这些理论为提升体育教学水平与质量提供了重要的支撑。

第一节 有效教学理论

一、有效教学的科学认识

(一)有效教学的概念

有效教学是师生在教学活动中遵循教学活动规律,采用各种有效的方式和手段,以尽可能少的教学投入取得最优的教学效益和效率,促进学生在知识与技能、过程与方法、情感态度与价值观"三维目标"上获得整合、协调、可持续进步和发展,从而有效实现预期教学目标,满足社会和个人的教育价值需求而组织实施的教学活动。

（二）有效教学的含义

有效教学具有以下几层含义。

1. 以学生的有效学习为评价标准，以学生的进步和发展为核心

学生的学习效果直接反映了教学的有效程度，学生的有效学习程度和结果、进步和发展幅度以及是否有学习的持续动机、兴趣及恒心等，都反映了教学是否有效，可以依此判断教学的有效程度。

2. 学生进步与发展以实现"三维目标"为主

判断学生通过学习是否取得了进步，获得了发展，不能只看其是否掌握了课堂知识和技能，这只是基本维度的目标，还要看"过程与方法""情感态度与价值观"这两个维度目标的达成情况。只有同时实现了"三维目标"，才可以判断学生是否获得了全面进步和有效发展。如果只是实现了某一维度的目标，没有全面实现所有维度的目标，说明教学的有效性低，是低效教学，如果各个维度的教学目标都没有实现，那么就是无效教学。

3. 通过有效教学促进学生进步与发展

判断教学是否有效要看教学目标是否有效实现及实现程度的大小。此外，要看有效教学是如何促进学生进步与发展的。促进学生持续进步与发展的有效教学具有以下特征。

（1）合规律

按照基本教学规律，采取科学有效的方法进行教学，从而促进学生进步与发展，这是有效教学。而如果通过拖延教学时间、占用学生自主学习时间、狂做练习题等方式来追求教学效益，那么可能会使学生获得短暂进步，但最终不利于学生的持续发展。

（2）有效率

学生在学习投入较少的情况下学习收益依然可观，这在一定程度上说明教学效率高。学生学习投入的多少不仅是指学习时间的多少，还包括脑力劳动的多少和单位时间内身心承受负担的大小。学生的学习收益不仅是指某一次的考试成绩，还包括掌握终身受益的知识、技能以及非智力因素的发展。提高教学效率需要师生共同努力，要同时优化教师的教学行为和学生的学习行为，高效教学的前提是教学行为有效。

（3）有魅力

教学过程丰富有趣，能够给学生带来良好的情感体验，激发学生自主自觉学习的持续动机、兴趣和积极性。

（4）有效果

学生在教师的教学指导下学习进步、全面发展，说明教学是有效果的，学生在教学中的收获是评价有效教学的重要标准。

（5）有效益

有效教学追求的基本教学效果是学生进步和发展。除此之外，还要使教学结果符合教学目标，满足个人和社会的教育需求，这才是有效益的教学。[1]

二、有效体育教学理念

（一）重视学生的全面进步和发展

体育教学将学生进步与发展作为终极追求目标，有效体育教学追求的是学生的全面发展和最大程度的进步。有效体育教学对学生全面发展与进步的关注要求体育教师在教学过程中将生成性与预设性重视起来，同时不仅要对教学结果予以关注，还要对教学方法和过程予以重视，并注重培养学生自主获取知识的能力。除了认知层面的目标，还要注意情感、态度及价值观层面的教学目标，引导学生形成积极的态度、健康的情感和正确的价值观，进而实现全面发展目标。在有效体育教学中要实现全面发展目标，需要注意以下几个要点。

第一，深入认识学生在体育课堂教学中居于"主体和中心地位"的真正含义，尊重学生的主体性，在此基础上展开师生互动，互动过程中体育教师要激发学生的主体意识，使其积极参与教学活动。

第二，体育教师要树立"全人"的学生观，关注学生的均衡与全面发展。培养学生健康的体能、良好的技能，提升学生的心理健康水平、社会适应能力以及道德人格健康水平。在知识传授方面，不仅要传授体育知识、运动健身知识，还要传授必要的健康知识、文化知识，提升学生的知识素养。传授知识和培养技能历来在体育教学中颇受重视，但有效教学理论还要求培养学生的非智力因素，包括对态度的培养、情感的培养以

[1] 侯耀先，栾宏．有效教学论 [M]．西安：西安出版社，2011．

及价值观的培养等,使学生的健康水平、智商和情商全面提高。

第三,在有效体育教学中体育教师要有意识地将学生的主体意识"唤醒"。学生主动学习是体育教学有效性的重要体现,学生作为学习主体要主动唤醒自己的主体意识。学生自我学习能力的提升是体育教学"有效益"的重要体现,在有效体育教学中体育教师要树立正确的教学理念,在科学教学思想的指导下表现出符合有效教学要求的教学行为,对学生予以关心、尊重,积极创设教学情境,将学生的学习热情激发出来,使学生以适合自己的学习方式去实现学习目标,获得全面发展与进步。

(二)体育教师具备反思意识

教学反思既是有效体育教学的要求,也是体育教师专业发展和自我提高的要求。体育教师专业水平和业务能力的提升就是在不断的探究教学和教学反思中实现的。有效体育教学要求体育教师具备反思意识,在反思中吸取经验教学,改进教学,提升教学质量。

自我意识的觉醒是反思的主要来源,而在传统教学理念下进行教学实践的过程中感到迷茫和困惑是自我意识觉醒的主要原因,可见思想上的困惑、迷茫和质疑是意识觉醒与反思的直接原因。在有效体育教学中,如果只是单纯强调体育教师需要改进哪些不良教学行为,那么体育教师未必会迅速改进,因为其内心意识很难被撼动,观念层面的问题没有被指出,不知反思便不会改进。所以,只有体育教师具备反思意识,认识到了传统教学观念的弊端,才会改进不当教学行为,教学改革才会奏效。

(三)体育教师具备效益意识

体育教学的有效性还体现在"有效益"上,开展体育教学活动应该有所收益。体育教学效益和效果不是一个概念,效果侧重于学生发生的积极变化,是好的教学结果,与教学目标吻合或贴近;效益侧重于学生个人需求和社会教育需求的满足。体育教学的根本目标是增强学生体质,促进全面健康,这也是新课程目标的重要内容。全面健康与发展是社会对现代人才的要求。为了达到根本性教学目标,在体育教学中必须追求良好效益。而要确保和提升体育教学的效益,就要合理有序地安排各个教学环节。体育教师作为体育教学的组织者与主导者,必须要有强烈的效益意识。辩证唯物主义理论指出,意识的能动作用分两种情况,一种是正确的意识所起到的积极的指导作用;另一种是错误的意识所起到的消极的指导作用。前者促进事物往好的方向发展,后者阻碍或破坏事物发展。强烈的效益意识是正确的意识,对体育教师的教学行为具有积极的指导作用,能够使体育教师主动反思,自主评价教学绩效,进行教学经验总结,从而促进教学效果和效益的提升。

第二节　教学过程最优化理论

一、教学过程最优化的基本认识

(一)教学过程最优化的内涵

教学过程最优化就是基于对教学规律、教学原则、教学方法及整个教学系统和内外教学条件与环境等多要素的综合考虑,从高效完成教学任务着眼,有效控制教学过程,根据科学教学理论,结合现有教学条件而对最佳教学方案进行探索、设计、选择及实施,以保证在已有条件下最大化地发挥各个教学要素的作用,从而取得最好的教学效果。教学任务往往包含教养、教育、发展等多个层面的要求,为了高质量完成教学任务,教师应从自身教学能力出发对最佳教学组织形式和教学方式进行选择和实施,在规定时间内和有限的精力范围内优化整合各个教学要素,从而取得当前条件下最好的教学结果,使每个学生都在原有基础上获得最大幅度的进步,发挥所有学生的学习潜力,取得最好的教学效果。总之,教学过程最优化所带来的效果就是所有学生获得目前条件下最好的教育并最大程度地实现进步与发展。

(二)教学过程最优化的标准

巴班斯基是最优化理论的创始人,他曾指出:"在现代学校中,教育过程最优化被理解为选择这样一种方法,它能使教师和学生在花费最少的必要时间和精力的情况下获得最好的效果。"[1]要实现教学过程的最

---

[1]　胡永红.有效体育教学的理论与实证研究[M].北京:北京体育大学出版社,2010.

优化,就要从教学规则出发,以对教学规则、教学形式、教学条件及教学对象实际情况等多因素的全面考虑为基础,使教育过程的效能得到最有效的发挥,这是教学最优化的重要条件。

最优化教学理论中,"最优化"的标准主要有以下两条。

1. 时间标准

这是最优化控制的重要标准之一,指的是花最短的时间(省时)、以最小的代价(低耗)实施教学控制,取得最大的效益(高效益)。

2. 效果标准

在规定时间内通过合理控制教学过程而使学生获得最大程度的进步与发展。

(三)实现教学最优化的方法

1. "三大步骤"

(1)经验选择

找出能取得最佳结果的全部方案,优化选择最佳方案,对最优化教学系统进行构建。

(2)优化

将经验上升到理论层面,对教学最优化原理进行总结。

(3)还原

用最优化原理指导教学实践,在教学过程中还原最优经验。

2. 方法与措施

(1)综合考虑任务,注意全面发展。

(2)深入研究学生,具体落实任务。

(3)依据教学大纲,突出教学重点。

(4)根据具体情况,选择合理方法。

(5)采取合理形式,实行区别教学。

(6)确定最优进度,节省师生时间。

融合教授最优化和学习最优化的具体措施见表 2-1。

表 2-1 教学过程最优化的措施 [1]

教学过程的成分	教授最优化的方法	学习最优化的方法
教学任务	综合规划教育和发展的最重要的任务； 根据学生学习实际的可能性，把任务具体化	接受并力争实现任务； 考虑自己的可能，综合拟定自己的任务
教学内容	找出本质、主要内容，保证学生掌握	注意力集中到学习中并努力掌握知识
教学方法和手段	选择能最有效地完成相应任务的教学组织方式和最能激发学生学习积极性的方法与手段	自我组织、激励和检查
教学形式	选择最合理的办法，把集体的、小组的、个别的教学形式结合起来，因材施教	扬长避短
教学速度	选择最合理的教学速度，利用专门措施，节省学习时间	合理分配时间，加快学习速度
分析教学效果	检查教学效果与学生的实际可能性、师生的时间消费标准是否适应，提高最优化水平	自我评价学习效果，同自己的可能性做比较，评价时间消费的合理性

二、体育教学过程最优化

体育教学过程最优化是取得良好体育教学效果的重要前提之一。体育教学过程最优化就是在对体育教学规律、体育教学原则、体育教学方法、体育教学条件以及教学对象实际情况等多个要素进行综合考虑的基础上，对一种合理有效的体育教学方案进行设计、选择与实施，从而取得当前体育教学条件下最好的教学效果。所选择与实施的方案应该让师生以最少的时间与精力消耗去实现最佳教学效果。

体育教学过程是一个复杂的系统，其由多个因素组成，不同因素之间相互联系，而且内部要素的联系是有规律的，要抓住各要素之间联系的规律，深入认识系统内部各要素的密切关系，依据最本质的东西去对最优教学方案进行选择或设计，并从教学实际出发有效实施教学方案，保证在现有条件下能最大程度地完成好教学任务，减少不必要的教学时

① 胡永红.有效体育教学的理论与实证研究[M].北京：北京体育大学出版社，2010.

间消耗和师生精力消耗,以最优化教学过程取得最佳教学效果。要实现体育教学过程的最优化,既要追求效果,也要关注效率,将二者有机统一起来,追求"省时、低耗、高效益"的教学效果。

第三节　卓越绩效理论

一、卓越绩效模式

卓越绩效模式是一种经营模式和质量管理模式。它是经济学中新出现的一个术语,通常出现在特殊语境下,有特定含义。国外有关专家指出卓越绩效模式是一种综合的组织绩效管理方式,采用这一管理方式,能够促进组织综合能力和整体绩效的提升,推动组织进步与发展,使组织创造更多的价值,更好地服务于顾客,获得持续发展的能力。

（一）基本思想

卓越绩效管理模式的基本思想表现在以下 7 个方面。

1. 领导

一个组织的领导应自觉树立集体主义价值观,确立组织的发展目标和方向,对顾客与其他利益主体的期望与需求予以关注,营造良好的经营管理环境,使组织中每个成员都主动参与组织运作,主动学习和完善自己,发挥创新能力,共同推进组织进步与发展。领导还要加强对组织的有效治理,对组织的绩效定期进行考核与评审,同时还要积极履行社会赋予的责任和义务。

2. 战略

任何一个组织都要有明确的战略目标和能够快速实现战略目标的合理战略规划。能够依据战略目标有序推进战略部署,跟踪分析战略实施的进展,当组织内外环境发生变化时,对战略目标、规划及时进行调整。战略内容及相互关系如图 2-1 所示。

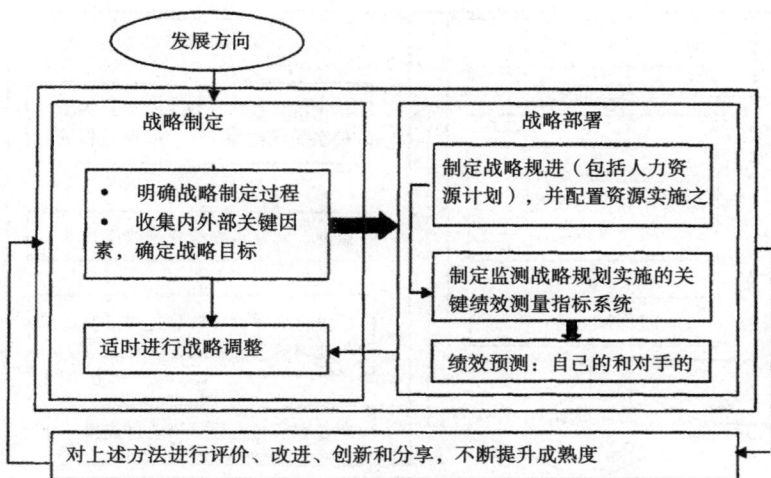

图 2-1　组织战略 [①]

3. 顾客与市场

组织应该对市场需要、顾客期望、消费偏好等进行深入了解,与顾客建立良好关系,协调好自身与顾客的利益关系,提升顾客对组织的满意度和忠诚度,培养长期顾客,挖掘潜在顾客。

4. 资源

组织的高层领导应投入必要的硬件资源、技术资源、信息资源以及人力资源来有序推进战略规划的落实,早日实现战略目标。领导要善于整合各种资源,加强资源创新,提高资源的科技含量,从而提高组织运作效率,提升经营效益。

5. 过程管理

过程管理涉及组织内部的所有部门,也包括组织整体创造价值的过程。过程管理以落实战略规划和实现战略目标为主要目的。在过程管理中,应根据组织内外环境的变化而迅速作出调整,能够快速对市场变化作出敏捷、恰当的反应,如产品的创新要求过程管理适应新的变化而快速进行调整。过程管理的内容及关系如图 2-2 所示。

[①]　高春红.卓越绩效模式理论与实践之探讨 [D].南京理工大学,2006.

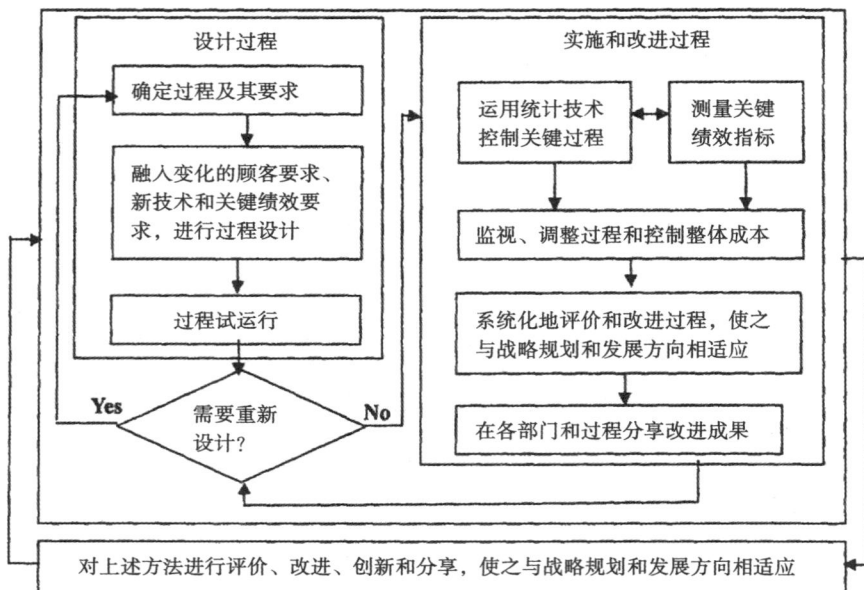

图 2-2　过程管理 [①]

6. 测量、分析与改进

对数据、信息、知识进行选择、收集、分析和管理的方法有很多,组织要确定采取哪种方法,灵活选择,全面分析,充分运用,不断改进,促进组织绩效的提升。

7. 经营结果

组织要定期评价经营绩效,不断加以改进,提升产品绩效和服务绩效,同时也要促进组织运行绩效、资源管理绩效、市场绩效、社会责任绩效的全面提升。

卓越绩效模式的基本思想包含上述 7 个类目的内容,这些内容共同构成一套完整的组织评价准则。这七个方面相互之间密切联系,相辅相成,缺一不可,是不可分割的有机整体。卓越绩效模式中的各项内容并不是一成不变的,它们会随着战略目标、组织环境等因素的变化而发生调整与动态变化,但无论如何调整与变化,最终都是为了提升组织的综合绩效和整体竞争力。因此,我们要从系统论的视角出发对组织进行分析与管理,在卓越绩效模式的实施中将绩效管理贯穿始终,最终取得卓

① 高春红.卓越绩效模式理论与实践之探讨 [D].南京理工大学,2006.

越绩效。而要实现这一目标,就要求在组织运作中将其视作一个完整的整体,关注组织运作的横向协调和纵向协调,横向是指组织内部各独立部分的协调运作;纵向是指组织运作各个环节和步骤的前后协调一致。

（二）主要特征

从本质上讲,卓越绩效模式是全面质量管理的实施细则,是对以往全面质量管理实践的标准化、条理化、具体化,它拓展了质量的内涵、关注核心能力的提升、聚焦于经营结果。它反映了现代经营管理的先进理念和方法,是世界级企业成功经验的总结。下面分析卓越绩效模式的主要特征。

1. 树立"大质量"观

在企业经营质量管理中,卓越绩效标准是非常重要的一个评审标准,这里的质量不仅包括企业的产品质量和服务质量,还包括在此基础上拓展和延伸的工作质量、过程质量、体系质量以及综合性的经营质量。这体现了卓越绩效模式中隐含的"大质量"观。企业提升产品质量和服务质量,是为了使顾客需求得到满足,吸引更多的顾客,扩大市场。企业提升经营质量是为了达到令人满意的综合绩效,促进企业可持续发展。需要注意的是,产品、服务质量和经营质量不是同一个概念,二者不能等同,有优质的产品和服务,不一定有好的经营质量,但好的经营质量是以好的产品和服务质量为核心的,这也是企业经营的底线。

卓越绩效标准作为企业经营质量评价标准,在国际上是公认的,这一标准对企业领导的领导力、企业战略、企业市场开发、企业管理等都提出了很高的要求。要获得好的评价结果,提升企业各方面的绩效,就要从这些方面不断努力。

2. 关注竞争力提升

用卓越绩效标准来评价企业经营质量,是为了促进企业竞争力的提升,促进国家经济竞争力的提升。因此在卓越绩效模式下对企业的市场竞争优势与竞争实力要给予特别关注。例如,企业在策划经营战略时,要着重分析市场和竞争对手,确立的战略目标和规划要能使企业在市场竞争中取胜,要便于对企业综合绩效水平进行评价。企业的经营水平不仅要与自身原有水平进行纵向对比,还要与竞争对手的经营水平进行横向对比,同时还要与标杆水平进行对比,发现差距和需要改进的地方,并进一步发挥优势,促进企业竞争力的有效提升。

3. 提供先进管理方法

卓越绩效标准不仅反映了现代经营管理的先进理念,而且提供了许多可操作的管理方法,有助于提高企业管理的有效性。

二、体育教学质量管理的卓越绩效模式

(一)树立"质量形成于教学全过程"的理念

将体育教学管理视作一种过程控制,依据严格的教学管理制度对整个教学过程进行监控,预防和纠正不规范的教学行为。改变传统体育教学中只重视教学结果而轻视教学过程的错误做法。在体育教学质量管理中将过程控制思想贯穿于教学和育人的整个过程中,使每一个教学环节都在有效控制中顺利落实,从而不断提升体育教学质量。

(二)实现教学过程的文件化管理

对体育教学质量管理体系文件进行编制,用文件的形式确定教学管理的质量标准和各个环节的具体标准,使有关部门"有据可依"地开展质量管理工作。体育教学质量手册、体育教学程序文件、体育教学结果记录等都是体育教学质量管理的重要文件。

(三)完善教学质量监控系统

教学质量监控系统主要包括教务处日常教学评估、学生学习评估、督导教学评估、同行教学评估、社会评估五个子系统。

(四)不断改进与完善管理体系

体育教学质量的改进与提升要以现有的教学条件为基础,找出教学过程中阻碍质量提升的不良因素,并采用 PDCA 循环模式(计划、实施、检查、行动)加以解决。此外,体育教学管理部门要定期审视教学效果,及时发现问题,改进不足,以确保体育教学质量管理体系的不断完善。

将卓越绩效模式应用于体育教学质量管理中,可构建如图 2-3 所示的教学质量管理体系。

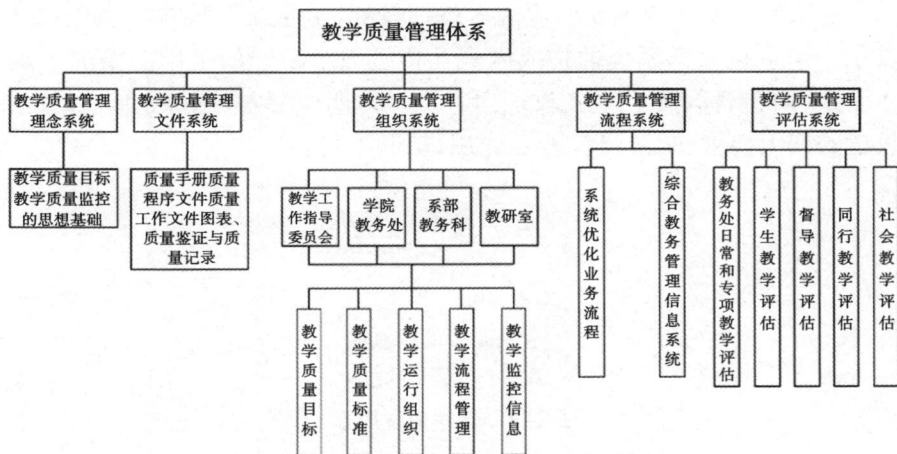

图 2-3　体育教学质量管理体系 [①]

第四节　信息化教学理论

一、信息化教学理论

(一)信息化教学的概念

在信息化时代,各个行业都很重视信息技术及运用,教育领域同样如此。信息化教学是指在现代教学理念的指导下,教师充分利用现代信息技术(网络技术、计算机及多媒体技术、卫星通讯技术等),整合与运用丰富的教学媒体和信息资源,构建良好的教学环境,引导学生积极发挥主观能动性,使学生自觉成为知识和信息的建构者,从而不断提高教学质量的过程。

---

① 叶少明,谢讯,李朝群.高职院校教学质量管理卓越绩效模式的研究与实践[J].当代经济, 2013(01): 84-86.

（二）信息化教学的要素

传统教学系统的主要构成因素包括教师、学生及教学内容，如图2-4所示。信息化教学系统的构成因素在传统教学系统的基础上增加了媒体因素，即包含教师、学生、教学内容及媒体四个要素（图2-5）。信息化教学的四大要素相互促进、相互作用，缺一不可。

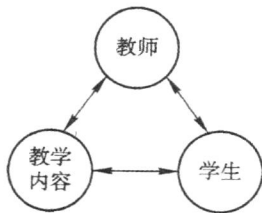

图 2-4　传统教学因素

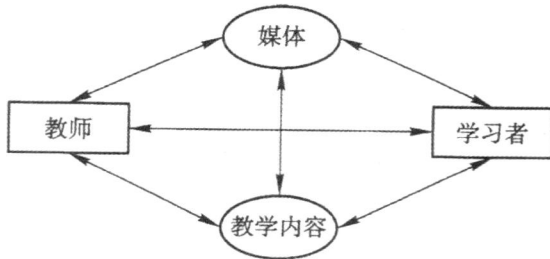

图 2-5　信息化教学因素[①]

（三）信息化教学基本理念

信息化教学倡导"以人为本"的基本教学理念，坚持以学生为本。具体要做到以下几点。

（1）确立学生的主体地位。

（2）强调学生的主观能动性。

（3）从强调积累知识和训练技能转变为强调学生主动建构知识与信息。

（4）强调探究学习、自主学习与合作学习。

（5）强调师生之间的有效互动。

---

① 景亚琴．信息化教学 [M]．北京：国防工业出版社，2014.

（6）强调活动的重要性。

二、信息化技术在高校体育教学中的应用

在高校体育教学中运用信息化技术，构建新型课程模式，对提高体育教学水平与质量具有重要意义。下面简单分析两种常见的信息化课程模式。

（一）以信息技术为学习工具的研究型课程

在研究型体育课程模式下，教师引导学生自主学习与研究，充分利用信息技术而对各种学习资料进行多渠道分析、归纳与整理，提炼关键信息，构建理论体系，从而更好地指导学习实践。学生在这一过程中能够体验到科研的奥妙与乐趣，从而激发其创新思维与想象力，并产生学习的持续动力与兴趣。

研究型课程中有关课程延伸的环节，即整合任务，突破了传统学习中的单一框架，延伸环节的主题活动一般是学生比较感兴趣的社会生活话题，学生充满兴趣地进行研究，更容易完成任务。

研究型课程强调学生的主动参与与学习的过程性，强调学生发挥主观能动性。在整个研究过程中，学生自主设计研究方案、实施方案，自主完成任务，教师只在确定选题和分析资料环节提供基本指导。

（二）以信息技术为学习对象的信息技术课程

在信息化教学中，还要培养学生正确运用信息技术的能力，提高其利用现代技术解决现实问题的能力，这就需要以信息技术作为学习对象，开设信息技术课程。在课程整合理念下，信息技术课程模式的操作流程具有独特性。

下面简要分析信息技术课程的两种典型模式的操作方法。

1.带疑探究—讲授示范—动手操作型模式

操作流程如下。

（1）教师依据课程目标向学生提出探究性问题，诱导学生思考与探究，引导学生充分利用现有信息技术资源探索解决问题的有效方法。

（2）教师将探究性问题分解为一系列信息技术知识点，然后进行操

作示范。

（3）学生独立操作，掌握知识和技能。

（4）教师进行评价。

2. 任务驱动—协作学习型模式

操作流程如下。

（1）教师利用信息技术资源设计教学目标和教学任务。任务系统呈梯状分布，具有层次性，难易分明。

（2）教师呈现教学任务，学生自主选择合作伙伴，进行合作学习、共同探究。小组内部多沟通、交流，小组之间分享信息与成果。

（3）教师重点评价学生应用信息技术的能力。

三、信息化体育教学设计

（一）设计模式

近年来，越来越多的教育工作者认识到单纯的"以教为主"或"以学为主"的教学设计存在一定的缺陷，并提出将"教"与"学"有机结合起来，取长补短，提高教学效果。在这一认识下，有学者汲取"以教为主"和"以学为主"各自的优点而提出"学教并重"的教学设计模式，该模式具有广泛的适用性，也在多个学科的教学设计中产生了重要影响。"学教并重"教学设计模式的流程图（图2-6）。信息化教学理念强调"以学生为本"，因此在信息化体育教学设计中可参考"学教并重"的教学设计模式，充分发挥学生的主体作用，加强对学生自主学习能力、协作学习能力以及创新精神的培养。

（二）设计方案

信息化教学设计方案以系统分析学习资源和学习过程为基础而编写，比一般的教案更系统、具体、详细。编写信息化教学设计方案是依据教学目标、教学任务、学习者特点、信息技术工具等因素而进行教学设计的过程。编写格式一般有两种，第一种是叙述式，方案主要由课题名称、课题概述、教学目标分析、学习者特征分析、学习任务分析、资源、教学活动过程、评价、帮助和总结等几个部分组成；第二种是表格式，编写模板见表 2-2。

　　不管采用哪种编写格式,对教学目标、教学内容、师生活动、教学媒体、时间分配等要素的描述都是必不可少的。

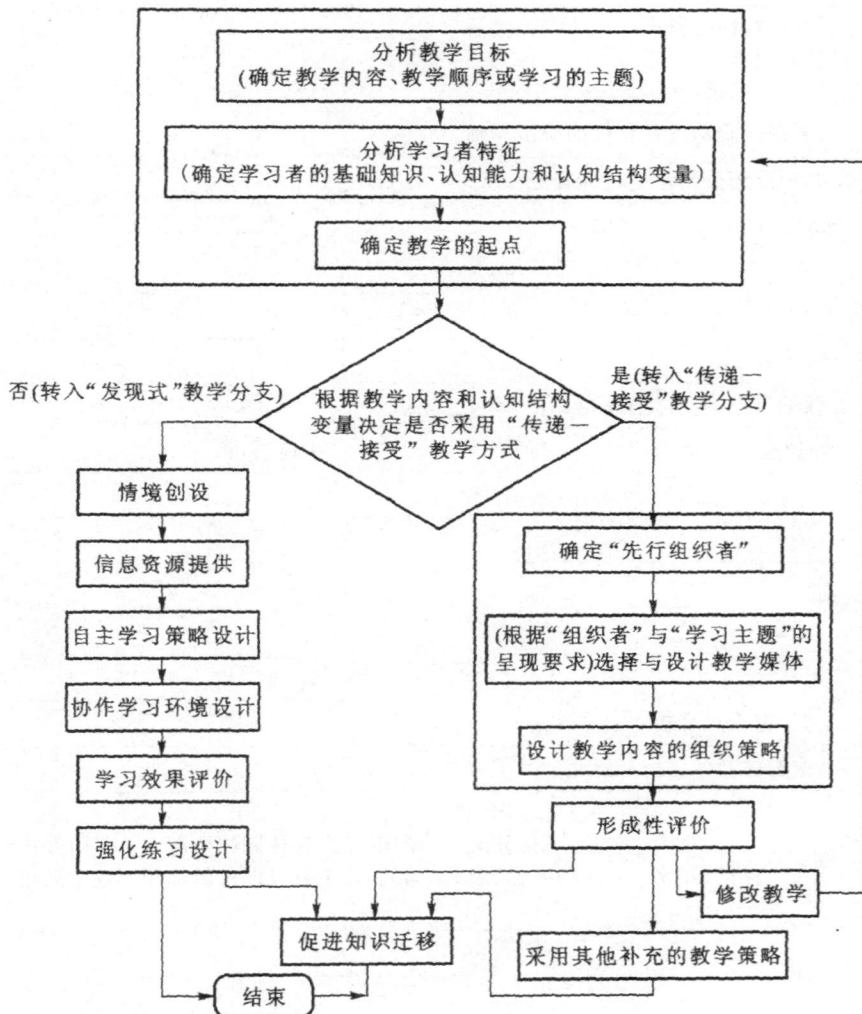

```
┌─────────────────────────────────────────────┐
│           分析教学目标                        │
│  (确定教学内容、教学顺序或学习的主题)          │
│                                               │
│           分析学习者特征                      │
│  (确定学习者的基础知识、认知能力和认知结构变量) │
│                                               │
│           确定教学的起点                      │
└─────────────────────────────────────────────┘
```

否(转入"发现式"教学分支) ←── 根据教学内容和认知结构变量决定是否采用"传递—接受"教学方式 ──→ 是(转入"传递—接受"教学分支)

情境创设

信息资源提供

自主学习策略设计

协作学习环境设计

学习效果评价

强化练习设计

确定"先行组织者"

(根据"组织者"与"学习主题"的呈现要求)选择与设计教学媒体

设计教学内容的组织策略

形成性评价

促进知识迁移

采用其他补充的教学策略

修改教学

结束

图 2-6　"学教并重"教学设计模式 [1]

---

[1]　张文兰.信息技术与课程整合 [M].西安:陕西师范大学出版社,2012.

表 2-2　表格式教学设计方案模板 [1]

时间：　　年　　月　　日　　　班级：

一、教学内容（教材内容）

二、学生特征分析
1. 智力因素
2. 非智力因素

三、教学内容与教学目标的分析与确定

1. 知识点划分与教学目标确定

课题名称	知识点		教学目标	

2. 教学目标的具体描述

知识点	教学目标	描述语句
1		
2		

3. 教学重难点分析

四、多媒体教学手段的运用

知识点	学习水平	多媒体网络资源、工具及课件的内容、形式、来源	使用时间	多媒体网络资源、工具及课件的作用	使用方式或教学策略
1					
知识点	学习水平	多媒体网络资源、工具及课件的内容、形式、来源	使用时间	多媒体网络资源、工具及课件的作用	使用方式或教学策略

---

[1]　何克抗，吴娟．信息技术与课程整合 [M]．北京：高等教育出版社，2007．

续表

2					

注：

五、形成性练习题和开放性思考题的设计

知识点	学习水平	题目内容
1		
2		

六、课堂教学过程结构设计

流程图
流程图简要说明
修改意见

第五节　其他理论

一、管理方格理论

（一）理论概述

管理方格理论是一种关于企业领导和有效性的重要理论,该理论的提出者是美国行为科学家简·莫顿和罗伯特·布莱克,提出时间是1964年。管理方格理论运用多学科理论与方法探讨了不同方格代表的领导方式,这些学科包括人类学、社会学、管理学、心理学等。

一些传统管理理论中提出了一种绝对化的管理理念,即"非此即彼",指的是要么以人为中心进行管理,要么围绕生产进行管理,管理方格理论打破了传统观念,指出关心人和关心生产这两种领导和管理方式

并不矛盾,可以将二者有机结合起来。基于这一认识,有关学者设计了管理方格法,以解决企业领导与管理的问题。如图 2-7 所示,方格图由横轴的 9 等分方格和纵轴的 9 等分方格组成,横轴代表的是企业对生产的关心程度,纵轴代表的是企业对人的关心程度。从第 1 格到第 9 格是从最小关心程度到最大关心程度的变化过程。方格图中的小方格共 81 个,每个方格都代表一种领导方式,这种领导方式是由对人的关心和对生产的关心两个因素结合而成的,而且不同方格所代表的领导方式中,这两个因素的比例是不同的。图中有 5 个特殊方格作了标注,它们代表的是五种典型的管理方式,分析如下。

贫乏型管理(1-1 格):管理者付出的努力只够完成必要工作,不会付出更多的努力。管理者关心生产或关心人都只是为了完成必要工作,维持组织运作。这种领导方式和管理方式是最差的。

俱乐部型管理(1-9 格):管理者只对人性予以关注,而对生产毫不关心,这种领导方式和管理方式是片面的。

中庸型管理(5-5 格):管理者既关心生产,也关心人,而且关心的程度一样,目的是维持现状,但对改革与创新造成了限制。

任务型管理(9-1 格):管理者一心只关注生产,对员工毫不关心,这种领导与管理方式偏独裁性,缺乏民主性。

团队型管理(9-9 格):这是最好的领导方式与管理方式,管理者对生产和对人的关心程度都达到最高,从而赢得了员工的尊重与信任,也激发了员工的工作积极性,从而提升了企业的经营效益。

（二）理论应用

管理方格理论给高校体育教学带来的启示是,体育教师既不能只关心教学工作而忽视学生的需求和对学生的培养,也不能只关注学生的成长和忽视了教学本身。应将二者以恰当的方式结合起来,适度处理二者的关系,共同关注教学工作和学生的全面发展。体育教师要采取团队型管理方式,对教学工作和对学生的关心都要达到最高程度,从而获得学生的信任,在学生的配合下更好地开展教学工作,提升教学效果。

		对生产的关心							
对人的关心	高 9 8 7	**1-9 俱乐部型管理** 对员工的需要关怀备至，创造了一个友好的氛围和工作基调					**9-9 团队型管理** 工作的完成来自全体员工的贡献，由于组织的"共同利益关系"，形成了相互依赖，导致信任和尊敬的关系		
	6 5 4			**5-5 中庸之道型管理** 通过保持必须完成的工作和维持令人满意的士气之间的平衡，使组织绩效有实现的可能					
	3 2	**1-1 贫乏型管理** 对必须的工作做出最小努力以维持恰当的组织关系					**9-1 任务型管理** 由于工作条件的恰当安排，组织达到高效率的运作，人为因素的影响降到最小程度		
		1	2	3	4	5	6	7	8	9

图 2-7 管理方格图 [1]

二、交往的需要与学习动机理论

（一）理论概述

人类不管是个体生存还是种族发展，都离不开群体生活。每个人都会不同程度地依赖他人，完全封闭与孤独的生活状态会给人带来忧虑和恐惧感。这是人类中产生合群行为的主要原因之一。

人人都有交往需求，这在社会心理学中也得到了证实。人们喜欢和志同道合的人在一起相处、沟通，这样和谐的人际关系对人的学习动机会产生积极的影响。交往需要和学习动机的关系非常密切。

（二）理论应用

在体育教学中，学生的学习动机会受到其人际关系的影响，包括亲子关系、师生关系、同学关系、社会关系等，融洽的关系尤其是学校中的师生关系和同学关系会使学生形成正确而强烈的学习动机。学生在体

---

① 胡永红.有效体育教学的理论与实证研究[M].北京：北京体育大学出版社，2010.

育学习中渴望得到教师的关心、帮助、理解和鼓励,如果体育教师能够认识到这一点,多关心与鼓励学生,主动与学生建立平等关系,那么将会激发学生积极向上的学习动机和行为,学生交往需求的满足及正确强烈的学习动机对提高体育教学效果具有重要意义。

三、自我效能理论

（一）理论概述

自我效能指的是个体在特定情境中对自己实施某种行为能力的知觉以及惜守自我生成能力的信念。简单来说,自我效能是人们对自己是否具有在从事和完成某项活动的过程中达到指定操作表现目的的能力的判断,它与一个人对自身所拥有的技能可以做什么所进行的自主判断有关,而与实际技能水平无关。也可以将自我效能理解为个体对自己能力和能力可能产生的效能的认知,是一种特定情境中的自信心,随时间和环境发生变化,强调主体的元认知。[①]

个体在成就情境中的行为动机在很大程度上是由其自我效能感所决定的。自我效能感越强,个体从事活动的积极性越强,而且在遇到问题时也会努力处理问题、克服困难,有恒心、有自信、有毅力。相反,自我效能感低的人参与活动的积极性较差,而且容易产生自卑心理,遇到问题时常常选择放弃,而且给自己定的目标也很低,选择的任务也没有什么难度,害怕失败的心理很严重,活动结果也往往令人失望,这个结果反过来又使人的自我效能感进一步降低。

个体自我效能感在很大程度上受到个体行为的成败经验的影响。通常而言,如果个人行为中成功经验比较多,那么个体的自我效能感便会增强,而如果个人行为中有许多失败经验,那么自我效能感就会降低。所以,在学习中,当学生将相关知识、技能熟练掌握后,并有了新的学习目标时,自我效能感就从很大程度上影响其学习行为。学生的自我效能感与其学习成绩之间的关系是正相关的,这在国内外的一些研究中均已得到证实。

---

① 胡永红.有效体育教学的理论与实证研究 [M].北京：北京体育大学出版社,
2010.

（二）理论应用

在高校体育教学中,体育教师和学生都有自我效能感,体育教师的自我效能感是教学效能感,学生的自我效能感是学习效能感。前者指的是体育教师对自己是否有能力教好学生的一种信念和认知,包括对自身教育能力、课堂组织能力、教学实施能力、教学管理能力等多方面能力的认知。体育教师如果有很强的自我效能感,那么就能在教学中充分发挥主导作用,能想方设法提高教学效果,促进学生进步与发展。学生的学习效能感是指学生在体育知识和技能学习过程中对自身认知能力和运动能力的判断。学生自我效能感的强弱直接影响其从事体育学习的动机和积极性,影响最终的学习效果和成绩。

自我效能理论为确定体育教学任务及选择教学方法和手段提供了重要的理论依据,也为激发学生参与体育学习的动机和积极性提供了重要的实践依据。体育教学改革强调培养学生正确的学习动机和良好的学习习惯,运用自我效能理论进行体育教学,增强学生的自我效能感,有助于促进学生正确学习动机的形成和良好学习习惯的养成。

提出自我效能概念的美国心理学家班杜拉指出,自我效能感的形成及强弱主要受个人成败经验、替代性经验、情绪唤醒和言语劝说四个因素的影响。在高校体育教学中为了提升教学效果,要努力培养与提升学生的自我效能感,具体可以从这几个影响因素着手。

首先,要对学生的个人行为成败经验予以重视,创造情境使学生体会成功,获得成功经验。

其次,替代性经验直接影响学生之间的学习互动,因此要给予重视。

再次,唤醒学生的积极情绪,使学生保持良好的学习态度。

最后,使用正面的、积极向上的言语鼓励学生。

第三章 高校体育教学水平提升的创新策略与实证研究

创新是事物发展的灵魂和动力,高校体育教学水平的提升也离不开"创新"二字。如何进行创新,以及创新之后能够取得如何的结果,是人们一直以来致力于研究的课题。本章将从高校体育教学的教学理念、教学内容、教学方法、教学管理四个方面,列举高校体育教学的创新实例,并对这些创新实例进行实证研究。

第一节 教学理念创新与实证研究

一、"三自主"教学理念

(一)"三自主"教学理念的内涵

1. "自主选择"体育学习时间

高校体育教学一般采用的是学分制,这种制度的优势在于能够在教学时间上给予学生更多的选择空间,学生可以根据自己的实际状况自主地选择上课时间。除了专项体育课程和普修体育课程之外,学校还应该尽力创造条件,保证学生在体育学习时间选择上的自由。由学生自主选择体育学习时间,有利于激发学生体育学习的积极性,提高学生自主学习的能力。

2. "自主选择"体育学习内容

自主选择体育学习内容也是"三自主"教学理念的重要组成部分,学校应该为学生提供更多的体育教学素材,给予学生自由选择体育学习内容的机会。

在允许学生自主选择体育学习内容的过程中,学校应该注意做到以下两点:

第一,高校应该充分利用体育资源丰富的优势,为学生提供更多的自主选择空间。在普修体育课程上,高校应该做好调研工作,充分了解学生的兴趣爱好和体育锻炼需求,并以此为依据,安排符合学生兴趣爱好的体育教学内容供学生选择。在专项体育课程上,教师应该在完成统一的教学内容之后,留出一定的时间,要求学生根据自己的基础水平,自主规划学习和锻炼。

第二,学生自主选择学习内容之后,教师要加强教学的监督和管理。首先,教师应该制订严格的教学要求,保证教学质量。其次,教师要做好课堂管理,从教学秩序、教学氛围、教学进程等方面,要求学生自觉配合;最后,教师还要经常组织学生之间的交流活动,为学生之间相互交流、相互学习提供机会,教师在这个过程中可以根据学生的需求提供相应的指导。

3."自主选择"体育学习方法

学生在个人身体素质、个人学习习惯等方面都存在非常大的差异,因此每个学生适应的体育学习方法也不尽相同。教师应该在统一教学的基础上,根据学生的个人特点,因材施教,引导学生选择适合自己的体育学习方法。此外,在不严格要求技术规范的教学内容时,教师应该不限制学生的学习方法,允许学生用不同的方式完成统一内容的练习,给予学生充分的自主选择空间。比如,在学习乒乓球发球和接球的内容时,教师可以引导学生进行单人独立练习,也可以几个人组成一个小组进行交流和练习,教师还可以允许学生用比赛、游戏等形式进行练习,能够有效激发学生的学习热情。

(二)"三自主"教学理念的实践成效

1.有利于更好地实现课程目标

提高学生的身心健康水平、促进学生个性健康发展、增强学生的合作意识与竞争意识、发展学生的社会适应能力是高校进行体育教学改革的最终目标,而"三自主"的教学理念对于实现这一目标具有重要意义。

首先,这种教学理念给予了学生充分的自主选择空间,不仅能够激发学生参与体育学习的热情和积极性,还能够锻炼学生自主规划、自主选择的能力,促进学生个性的全面健康发展。其次,这种教学理念打破了传统的教学形式,来自不同班级和专业的学生组成了全新的"体育班级",学生需要从头开始建立新的同学关系,有助于锻炼学生的社会适应能力,增强学生的合作意识和竞争意识,促进学生的全面发展。

"三自主"教学理念是一种更加符合时代发展和学生特点的一种科学的教学理念,能够有力促进教学目标的实现。

2. 能够充分满足学生的个性发展意愿

"三自主"的教学理念打破了传统的以教师为教学主体,由教师掌控整个教学课堂的教学理念,充分肯定学生在教学中的主体地位,要求教师只在教学中起主导作用。与传统的教学理念相比,"三自主"的教学理念能够在最大程度上满足学生的个性发展意愿。首先,学生能够在积极的学习心态中主动构建新知,不断充实自身的知识储备;其次,学生在相对充分的自由选择中,能够充分发展求知欲、自信心、表现欲以及能够为自己的选择负责的责任心、顽强的意志力等,这些对于学生的心理健康素质发展、身体健康素质发展、综合素质发展以及实践能力的提高,都具有非常积极的作用。

3. 有助于促进教师的发展

"三自主"的教学理念强化了学生的主体地位,允许学生根据自己的体育专长或者兴趣爱好选择体育学习的时间、方法和内容,但是这同时也意味着对教师提出了更高的教学要求。一方面,教师必须适应这种转变,及时改变自己的教学观念,在教学中学会因材施教,根据学生的特点引导学生进行自主选择。另一方面,由于学生具有自由选择的权利,因此教师之间的"优胜劣汰"会更加明显。体育技术高超、教学方法灵活有趣、教学责任心强的教师会受到更多学生的欢迎,也会有更多的学生选择其授课的课程;而体育水平差、教学能力低、对教学工作不负责的教师,则会不受到学生的欢迎,相应地,学生也不会选择由其授课的课程。

因此,在新的教学理念之下,体育教学对教师提出了更高的要求,教师之间的竞争也会增大。这势必会促进教师不断进行自我反思,明确自己的不足之处,积极学习,努力提高自己的体育技能和教学水平,增强责任心。整个教师队伍也会不断进行学习和提高,从而成为一支充满竞争性和发展性的新型教师队伍。

二、"快乐体育"教学理念

(一)"快乐体育"教学理念的内涵

1.环境优化

(1)硬环境

硬环境是指进行体育教学的场地、设施等,"快乐体育"教学理念要求教学硬环境必须美化、协调。

(2)软环境

软环境指的是人文环境,即学生和学生、学生和教师之间的关系,"快乐体育"教学理念要求教学的软环境必须健康、和谐。

2.情感驱动

(1)必须引导学生在体育教学中获得快乐和成功的情感体验。

(2)教师应该将情感教学作为教学的切入点,通过自己对学生、对教学的热爱,调动学生对体育学习的热爱,使学生形成良好的学习心态。

(3)通过建立民主、合作的师生关系,形成良好的教学氛围。

3.协同教学

协同教学是指运用协同论的原理,在体育教学过程中重视教与学诸要素之间的参量配置协调、同步以及互补,以形成体育教学活动协同高效的运行机制使体育教学的整体功能得以放大和增值。协同教学要求启发式教学方法和创造性教学方法的有机统一,其突出特点是在内容上强调"发现学习",在形式上强调"学习过程自组"。[①]

4.增力评价

增力评价是一种即时的教学反馈,主要包括口头的形成性评价和激励性评价两种形式。在做增力评价时,需要遵循以下几点要求:

---

① 陈轩昂.新时期高校体育教学的改革与发展[M].北京:航空工业出版社,2017.

（1）要保证形成性评价的准确性和及时性。

（2）做激励性评价要选择合适的时机,并且可以适当增加激励性评价的频率。

（3）做出的评价必须要有效并且实用。

（4）要避免超负荷。

（5）要保证评价的内容是多方面的,强调多项性。

5. 快乐体验

快乐体验主要是指快乐的运动体验和成功体验,在教学中强调不同的体育活动所独具的乐趣。在实际的教学活动中,想要形成快乐体验需要做到以下几点:

（1）选择合适的教材内容。一方面教材内容需要满足学生的兴趣爱好,另一方面也要兼顾学生的体育锻炼需求。

（2）情感教育和知识教育结合在一起,使学生在学习知识的过程中获得良好的情感体验,提高教学效果。

（3）注重教学方法的指导,"授人以鱼,不如授人以渔",使学生掌握学习的方法,真正做到"会学习"。

（4）尊重学生的个性化特征,因材施教进行教学,引导每个学生形成适合自己的学习方法,为每位学生提供自我实现的机会。

（二）"快乐体育"教学理念的实践成效

1. 充分保证了学生在教学中的主体地位

传统的教学理念认为,教师是教学的主体,并在教学中起主导作用,而学生只是教学的客体,不需要在教学活动中发挥主动性,只需要被动接受教师的教育即可。这种教学理念在否定学生主体地位的同时,也很容易抹杀学生的学习兴趣,使学生丧失学习的积极性和自觉性。而"快乐体育"的教学理念充分肯定了学生的主体地位,要求在教学的过程中充分发挥学生的内因作用,激发和维持学生的学习兴趣。从人的发展来看,兴趣和动机是构成人格特征的重要组成部分,对于提升学习的效果具有重要意义。

2. 有利于建立和谐的师生关系

传统的教学理念认为教师和学生之间是单纯的管理和服从的关系,

这也导致一直以来的师生关系僵化,教师拥有绝对的权威,而学生几乎没有话语权。在传统的教学观念之下,教学氛围严肃,教师和学生之间缺乏交流,这不仅不利于学生的学习,也不利于教师的反思和进步。而"快乐体育"教学理念认为教师和学生之间是平等的双边关系,教师在教学过程中起到的是主导作用,负责掌控教学的内容、节奏和方向,用自己良好的思想品德、丰富的知识、高超的运动技艺、活泼生动的形象教育和影响学生;而学生在教学过程中起到的则是主体作用,需要充分调动自己学习的积极性和自觉性,配合教师的教学工作。在"快乐体育"教学理念的指导之下,教师和学生之间形成了双向信息交流的新型师生关系,使教学氛围更加轻松和谐,良好的学习氛围不仅有利于提升学生的学习效果,还能够促进教师不断成长和进步。

3. 促进学生个性的和谐发展

传统的教学理念认为,体育教育的目的在于促进学生体育技能的提升和身体素质的增强。因此,传统的体育教育中,无论是体育动作、体育理论还是体育思想,都呈现出成人化的特点,从而违背了人类发展的规律,忽视了学生的身心特征,不利于学生的身心发展。而"快乐体育"教学理论认为,推动学生身心的全面发展才是体育教育的最终目的。一方面,"快乐体育"教学理念要求设置符合学生身心发展的教学内容,并在尊重学生兴趣和需求的基础上给予学生选择的权利;另一方面,在教学过程中注重发掘学生的体育潜力和突出体育项目的乐趣,使学生获得良好的情感体验。"快乐体育"教学理念在增强学生体质的基础上,还促进学生在独立性、自主性、创造性以及审美能力等方面的发展,对于完善学生的个性、促进学生的全面发展具有重要意义。

第二节　教学内容创新与实证研究

一、体育教学内容的基本结构

由于我国体育教学发展的时间比较晚,所以很多教学内容是从国外借鉴而来的,在借鉴的基础上,又根据我国的实际情况加入了符合我国国情的部分。目前,我国的体育教学内容主要包括三部分,分别是从德国和瑞典借鉴来的各类体操运动,从英国借鉴来的各种户外运动以及我国的各种民族传统体育项目(图 3-1)。

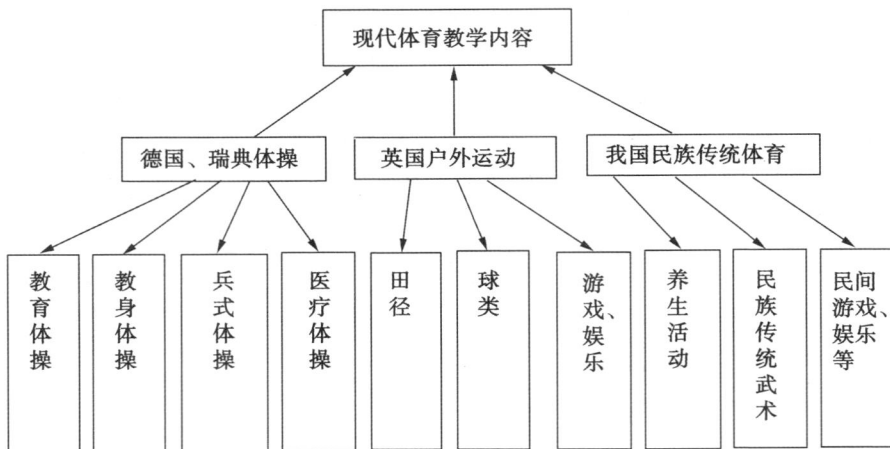

图 3-1　我国体育教学内容 [①]

这种教学内容的合理性在于:

(1)从外在表现的角度出发,国外两种主要的体育形式以及我国本土的体育项目均被兼顾到。

(2)从内在表现的角度出发,这三种教育内容之间是一种和谐互补的关系,在功能和价值取向上都做到了三者之间的相互融合、相互补充,共同促进教育目标的实现。

二、高校体育教学课程设置

根据《普通高校体育课程教学指导纲要》的要求,我国高校的体育课程设置一般为:大学一、二年级开设的体育课程为必修课程,大学三、四年级开设的为选修课程。并且随着高校体育教学的改革和发展,选修课已经成为高校体育教学的主要课程模式。

图 3-2 为我国高校体育课程设置的具体内容。

① 杨乃彤,王毅.高校体育教学创新及运动教育模式应用研究[M].北京:九州出版社,2019.

```
                        高校体育课程设置
        ┌───────────────────┼───────────────────┐
   校定必选(通)课         体育选项课          体育选修课
   ┌──────┬──────┬────────┬──────┬──────┬──────────┬──────┐
特色传统体育 特殊体育 健身系列 大球系列 小球系列 休闲体育系列 其他系列
 ┌──┬──┬──┐ ┌──┬──┐ ┌──┐ ┌──┬──┐ ┌──┬──┐ ┌──┬──┐ ┌──┬──┐
健身健美 健美操 定向越野 田径 篮球 排球 足球 乒乓球 羽毛球 网球 嗒嗒球 棋类 舞蹈类 轮滑 武术类
      ┌──────┐                              ┌──────┐
      │ ……  │                              │ …… │
      └──────┘                              └──────┘
```

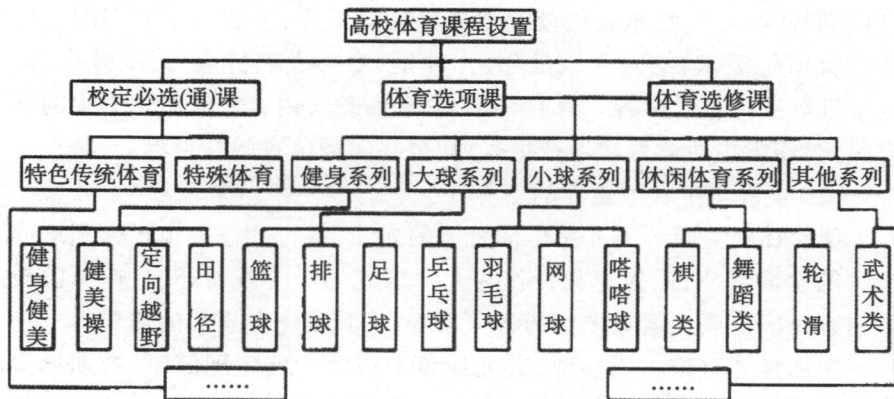

图 3-2　高校体育课程设置[①]

三、高校体育教学内容创新

(一)高校体育教学内容创新的建议和措施

1. 高校体育教学内容创新的建议

(1)重视学生的主体地位,坚持以学生为本,将学生的兴趣和体育锻炼需求作为选择体育教学内容的依据。

(2)突破传统教学内容规定的限制,根据学校、教师和学生的实际情况,灵活选择体育教学的内容。

(3)逐渐淡化竞技体育运动的技术体系。

(4)扩大体育教学中基础性内容的比例,整体增强学生的体质,提高学生的体育水平。

(5)重视体育教学内容的艺术性,适当增加类似于韵律体操或者体育舞蹈等美学价值较高的运动项目在体育教学内容中的比例。

2. 高校体育教学内容创新的措施

(1)教学内容选用以学生为本

"以人为本"是高校体育教学内容改革的一个重要要求,体现了现代教育对学生主体地位的肯定和重视。教学活动面对的对象是学生,教学内容和教学对象之间的匹配程度会直接影响到教学效果。想要取得

[①] 陈炜,黄芸.体育教学与模式创新[M].北京:光明日报出版社,2016.

良好的教学效果,最重要的就是要做好调研工作,了解学生的兴趣爱好和体育锻炼需求,结合学生的年龄、性别、身心发展特点、运动爱好、运动基础等选择教学内容。只有科学、合理的教学内容才能激发学生的学习热情,使学生对体育学习产生兴趣,最终实现体育教学目标。

（2）重视学生各项素养的培养

现代社会需要的人才是全面发展的人才,教育的任务也扩大到培养学生的全面素质,而体育教育作为人才培养的一个重要环节,选择的教学内容也应该满足培养学生的各项素养,尤其是体育素养的需要。

在选择体育教学内容时,首先应该关注学生的生理健康,帮助学生发展各项运动技能;其次还应该关注学生的心理健康,帮助改善学生的心理状况,促进学生心理的健康发展;最后还应该注意体育教学内容对学生各项价值观念形成和发展的影响,引导学生形成正确的价值观、人生观、体育观,以及锻炼学生的意志品质等。

（3）丰富体育文化内容

除了体育课堂之外,各种校园文体活动也是推动体育文化传播,促进体育运动发展的重要途径。高校除了发展和创新体育教学之外,也应该重视校园文体活动的发展,为学生创造参加文体活动的机会,保障学生参加文体活动的权利。

在体育教学内容的选择上,也应该和校园体育文化建设相结合,在充分考虑本校教育计划、季节特点、节假日等因素的基础上,综合选择能够和校园文化建设相得益彰的体育教学内容。调动学生进行体育学习的热情,使学生更好地了解、传承和发展体育文化。

（4）突出教学内容的实用性

首先,在选择体育教学内容时应该尊重客观现实,保证教学内容能够满足大部分学生的学习兴趣和现实需要,保证有能够实施教学内容的教学条件等。

其次,在满足学生自我发展需要的基础上,不断丰富与社会接触密切的体育教学内容,如游泳、攀岩、野外生存、高尔夫等,让学生能更多地与社会生活接触,做好学生体育活动的校园生活与社会生活的衔接,增强学生的社会适应性。

（二）体育教学内容创新的实例

1. "选修课"＋"校定特色体育必通课"

"选修课"＋"校定特色体育必通课"是由清华大学为首的一部分高校正在实施的一种教学模式,具体内容为:一、二年级体育选项教学为主体,并设以校定特色体育课程,所有学生除了完成国家规定的体育课程之外,还必须通过校定特色体育课程的考核,才能视为体育考试及格。以清华大学为例,其校定特色体育课程为"每个男生都能游泳200米,每个女生都能编一套健美操";而浙江工业大学设置的特色体育课程则为:每个学生都能成功完成"12分钟跑"。

这一模式的采用,要求体育师资力量配备充足,学校政策、财力大力支持,教师工作待遇有较好保证等,能使学生体育基本素质普遍较高,锻炼意识较强。

2. "完全教学俱乐部"

"完全教学俱乐部"是由以深圳大学为代表的一部分高校正在实施的一种教学模式,其具体内容为:给予学生完全的选择自由,学生可以根据自己的实际情况选择体育学习的项目、体育学习的时间、体育教学的教师。

这种教学模式充分考虑了学生的个性化特点,没有硬性要求选择统一的学习内容,尊重了学生的兴趣和需求,能够有效激发学生的学习热情,提升教学效果。

这种教学模式对学校教学条件和学生体育学习积极性的要求较高,此外还需要有学分制的制度保障。

3. "教学俱乐部"＋"选修课"

"教学俱乐部"＋"选修课"是以浙江大学为代表的一部分高校正在实施的体育教学模式,其具体内容为:学生可以通过网络自由选择想要学习的体育课程、选择进行体育学习的时间、选择体育教学的教师。但是采用的教学方式依旧是传统的班级授课制,采用的教学管理方式是学期必修或者选修形式。

这种教学模式的优势在于,一方面保证了学生能够根据自己的兴趣和需求比较自由地选择自己想要学习的体育课教学内容,有助于保持学生的学习热情;另一方面班级授课方式和"选修＋必修"的教学形式能够对学生进行一定限制,从而保证教学效果。

"教学俱乐部"是介于体育选项课模式与"完全教学俱乐部"之间的一种中间模式,这一模式的采用一般要求学校有一定的体育师资和项目群储备。学生可选择性要强,有专门的体育教学选课服务系统支持,对体育教学硬件设施的要求没有"完全教学俱乐部"高,学生在选课的可选择性方面,易受授课时间、师资、课程设置模块的限制。

4. "基础课"＋"选项课"

"基础课"＋"选项课"是以浙江中医学院为代表的部分高校正在实施的一种体育教学模式,其具体内容为:一年级(或第一学期)开设体育基础课程,并以行政班级为单位进行授课;二年级(或者第二、三、四学期)开设体育选项课,采取网上选课或根据报名情况编制体育班的方式进行。

这种教学模式的优势在于,有利于一些传统体育项目或者校定特色体育项目的教学和考核,也便于教学的组织管理工作。

5. "选项课"＋"教学俱乐部"

"选项课"＋"教学俱乐部"是以浙江金融职业学院为代表的部分高校正在实施的体育教学模式,其具体内容为:一年级设置普通的体育选项课,二年级根据所学专业对口岗位的需求,设置符合职业实用性的体育教学内容。

这种教学模式的优势在于,充分重视教学内容的实用性,实现了以就业为导向的体育教学内容设置。

第三节　教学方法创新与实证研究

一、"翻转课堂"教学方法

(一)"翻转课堂"的概念

"翻转课堂"是一种从国外传入我国的教学方法,在促进高校体育教学改革中起到了重要的推进作用。目前,国内对"翻转课堂"尚未有一个比较公认的定义,学者金陵认为,"翻转课堂"形象地讲,就是改变"老师白天在教室上课,学生晚上回家做作业"的教学结构,使其"颠倒"过来,构建"学生白天在教室学习并掌握知识,晚上回家学习新知识"的教学结构。[①]

（二）国内外关于"翻转课堂"的研究

1. 国外研究状况

国外对翻转课堂的研究主要集中在翻转课堂的起源和发展、翻转课堂的应用和特性、翻转课堂的教学设计等方面上,比较缺乏对翻转课堂在某个学科或者某堂课上的具体实施的研究。而对翻转课堂进行的为数不多的学科适应性研究,也大都集中在理科上,对于文科和语言类学科进行的适应性研究寥寥无几。

2. 国内研究状况

目前国内关于翻转课堂的研究主要集中在理论研究上,关于体育教学这种具体学科的研究还比较少。国内的研究可以大致归纳为三种类型,分别是综合性理论与实践研究、基础教育领域的理论与实践研究、高等教育领域的理论与实践研究。

随着翻转课堂的传入和发展,我国相关的研究文章也在逐年增多。根据知网的数据我们可知,2012年知网上我国学者发布的关于翻转课堂的文章为22篇,2013年增加到212篇,2014年增加到1544篇,2015年增加到4922篇,2016年增加到8218篇,2017年增加到8433篇。五年内相关文章暴增了8000篇以上,足以说明翻转课堂等创新教学方式在国内的热门程度。

（三）翻转课堂教学方式的实践成效

1. 构建了新型的师生关系

翻转课堂改变了传统的教师作为教学掌控者的局面,使学生真正成为课堂的主人。在上课之前,学生先通过观看视频进行预学习,掌握大

---

① 周春娟.高校体育教学的影响因素分析与改革探索[M].青岛:中国海洋大学出版社,2018.

部分的课堂内容,并记录下自己无法理解的问题;上课时,学生进行自学和讨论,一方面巩固自己预先学习的内容,另一方面同学之间通过讨论帮助彼此之间解决问题。除此之外,在上课之前,教师和学生之间也会进行相应的交流,教师可以在这个过程中了解学生的学习状况,还可以为学生解决一些问题。这样不仅有助于教师在课堂上根据学生的学习特点为学生提供更有针对性的指导,也能够减少正式上课时的课堂内容,留出更多的时间供学生进行实践练习,提升教学效果。

2. 使体育课堂的时间分配更加合理

体育学科的特殊性要求必须合理分配体育课堂的时间,尽量精简理论、动作的讲解,而留出更多的时间供学生练习。传统的教学方式中,讲解的时间需要占据整节课时间的 20%—30%,而且还可能存在教师讲解不到位、示范不规范等问题,导致学生无法准确理解和掌握动作,在课堂上也没有足够的时间进行练习,学习效率不高。而翻转课堂将动作讲解和示范的内容放在了上课之前,学生在上课之前可以反复观看视频理解和掌握动作,一方面能够提高动作示范的准确性和规范性,另一方面也能够将课堂上用于理论和动作讲解的时间转变成练习的时间,增加学生练习的时间,提高体育学习的效率。

3. 使体育成绩评价方式更加多样化

传统的体育教学方式中,成绩评价存在诸多的不合理之处。从成绩评价的内容来说,评价内容由知识理论和体育技能考试两部分组成,其弊端在于忽视了学生的个体差异;从成绩评价的领域来说,体育成绩评价主要集中在认知领域和动作技能领域,忽略了情感领域的评价;从评价的时机来说,体育成绩评价的时间一般包括期中和期末两个时间点,更加重视的是结果性评价,而忽视了过程性评价,没有关注学生在学习过程中进步或者退步的动态性变化。

而在翻转课堂的教学方式中,教师在上课之前需要和学生进行相应的交流沟通,教师能够在这个过程中了解学生的学习状况,从而做出更加合理的成绩评价,比如将学生的进步或者退步状况纳入成绩评价的考虑因素范围之内;学生还会在课堂上提出自己通过预学习无法解决的问题,教师可以根据学生提出的问题了解班级的总体体育水平,进而制订更加合理的体育成绩评价方式等。

4.有助于培养学生多方面的素质

中国传统教学方式的最大问题在于,学生过于被动,知识的学习主要依赖教师的传授,缺乏探索精神,主动性较差,发现问题、独立思考、解决问题的能力比较弱。而翻转课堂的学习方式能够有效改变这种状况。首先,翻转课堂设置了课前预习的部分,目的在于培养学生主动学习、主动发现问题、主动思考的能力;其次,在上课过程中,翻转课堂还增加了学生讨论交流的环节,实际上锻炼了学生团队合作、解决问题的能力;最后,翻转课堂节省了大量教学时间,教师可以利用这些时间加强对学生体育素养和体育兴趣的培养,促进学生的全面发展。

二、网络教学方法

(一)网络教学的概念

网络教学是利用计算机设备和互联网技术,在此基础上实行信息化教育的教学模式,借助互联网平台实现异地、实时的教学和学习,平台将多媒体视频、音频、图像、动画等资源融合在一起,网络教学的主体是教师和学生,教师制作多媒体课件或开发网络课程时参考教学大纲、学生学习特征和学生认知水平,有针对性地调整课程,课件内容,将制作好的多媒体课件或网络课程与相关资源、扩展信息发布到网络教学平台。学生则通过网络设备接入到网络学习平台,可按教学要求选择课程或针对自身特点进行学习。同时师生双方可通过平台的交流模块针对学习问题及时进行交流。[①]

(二)网络教学的发展概况

1.国内网络教学的发展概况

1994年,我国"中国教育和科研计算机网"示范工程开工,拉开了我国教育信息化改革的序幕。

2000年,在国家推动和互联网技术快速发展的背景之下,包括清华

---

① 陈轩昂.新时期高校体育教学的改革与发展[M].北京:航空工业出版社,2017.

大学、上海交通大学等 33 所高校在内的国内高校开设了网络教学。在体育教学方面,一些学校经过探索和研究之后,逐渐开发并建立了体育网络精品课程,并且快速在全国范围内得到推广和使用。此外,网络教学也成为业内专家学者的研究热点,大量研究文章被发表。

2010 年,《国家中长期教育改革和发展规划纲要》提出,要在 2020 年基本在全国范围内建成教育教学信息化服务体系。

2015 年,政府工作报告中首次正式提出了"互联网 +"的概念,体现了国家对信息化发展的重视,为教育信息化的发展提供了政策保障。

从区域上看,我国的网络教学建设存在明显的地区差异。经济比较发达、思想比较先进的地区,高校网络教学建设工作做得比较好,而经济欠发达、思想比较落后的地区,高校网络教学建设的工作还有一定的发展空间。

值得肯定的是,我国已经有越来越多的体育教育工作者认识到网络教学的优势,并进行了网络教学方式的探索,不断提高体育教学和网络教育结合的合理性,对于促进体育教学效率的提升具有重要意义。

2. 国外网络教学的发展概况

欧美等发达国家的网络教学发展时间比较早,在 20 世纪 90 年代末期就已经大范围推广网络教学,并建立了配套的教学平台。

网络教学在国外的发展基本上包含了 4 个步骤,最开始时是资源学习库,接着发展为简单学习管理平台,再接着发展出了网络教学的基本功能,最后发展成为现代通用的网络教学平台。国外的一些名校也很早就开始使用网络教学方式进行体育教学,比如英国的爱丁堡大学就利用网络教学的方式开设了足球课程。

在研究上,国外的网络教学研究主要集中在教学方法、教师培训、教学软件等方面。

目前,全世界范围内已经有超过 100 个国家和地区在使用网络教学方式,1/6 以上的高校推出了体育网络教学课程。

(三)网络教学方式的实践成效

1. 提升教学效果

首先,网络教学方式要求学生在网上进行信息的搜集、加工和处理工作,有助于锻炼学生利用互联网信息的能力,而这种能力是互联网时代所需要的重要能力之一。

其次,体育网络教学可以从多个角度以及多个方位进行技术动作展示,有助于学生准确、清晰地掌握技术动作,提高学生学习的效率。

再次,网络教学能够及时进行教学资料的更新,方便学生了解最新的体育信息以及学习资讯。

最后,网络教学的教学形式更加丰富、教学氛围更加轻松,能够激发学生的学习兴趣,使学生保持良好的学习心态,提升学习效果。

2. 有助于改善教师的劳动结构

传统的体育教学中,体育教师需要承担进行技术动作展示的任务,但是随着高校体育课程种类的日渐丰富,体育教师进行动作展示的难度正在不断加大,尤其是一些传统民间体育项目和一些新兴的休闲体育项目的示范难度更是非常高。此外,一些年长的体育教师在进行动作示范时危险性也比较高,而且体育教师示范的动作可能会存在一定的不准确性和不规范性。

而网络教学方式将体育教师从动作展示中解脱了出来,体育教师不再需要自己进行动作展示,而可以通过搜集并整理网络视频或者自行制作视频供学生观看,作为辅助教学的手段。此外,教师还可以在网络教学的过程中尝试开发程序或者课件,实现信息共享,从而节约时间和精力,将更多的时间和精力放在更重要的教学和科研工作中。

第四节　教学管理创新与实证研究

目前大部分高校都在使用的教学管理制度是学分制,我们将以学分制为对象,具体阐述高校体育教学管理的创新和实证研究。

一、学分制的发展历程

19 世纪 70 年代,美国开始采用由学生自己选择想要学习的学科的"选科制",学分制也随着选科制的诞生而出现。20 世纪之后,这种教学管理制度开始在欧美国家,尤其是以市场经济体制为主的国家流行起来,这些国家的大学和一些科研机构开始使用这种教学管理制度。

20世纪初,我国爆发"新文化运动",许多新思想和新文化传入我国,学分制也是由此传入我国的。1919年,北大开始实行选课制度和学分制度;1923年,蔡元培先生出任北大校长,依旧主张采用学分制度。此后,教学管理制度大概经历了三个发展阶段,分别是:学年学分制(20世纪30—50年代)—学年制(20世纪50—70年代)—学年学分制(20世纪80年代开始)。目前,我国的教学管理制度主要包括学年制、完全学分制、学年学分制三种形式,其中学年学分制是我国最主要、最常见的教学管理制度,被很多高校采用。

二、学分制的计量和质量评价方式

(一)学分制的计量

学分制最常见的计算方法是:

学生每周上课1学时,自学2学时,学习满一个学期,考试合格,得1学分;

对于课外自学时间较少的课程,每周上课2—3学时,学习满一个学期,考试合格,得1学分;

课外自学时间比较多的课程,每周上课1—2个学时,学习满一个学期,考试合格,得2个学分;

课外自学时间比较多的课程,每周上课2个学时,学满一个学期,考试合格,得3学分。

学生需要达到学校规定的学分方可毕业,提前达到毕业学分的学生可以申请提前毕业。如果学生有特殊原因无法在规定的学习期限范围内达到毕业学分要求的,可以申请减修某些课程或者延长学习期限。而且如果学生在同级别的不同大学分别修有学分,国家规定学校必须承认这些学分,并且允许学分进行转换和累计。

(二)学分制的质量评价

学分制只能从量上保证学生达到毕业要求,但是无法清晰反应学生学习的质量,因此在学分制的基础上,许多高校又采用了绩点制作为成绩评价的补充。绩点制是用来判断学生每个学科学习成绩的质量以及学年和毕业总成绩质量的一种计算方式。绩点制的具体计算方式为：用学生每个学科的分数,乘以相应的绩点,最终得出绩点数。以五级评分制为例,其绩点数可以被划分为：优(4点)、良(3点)、中(2点)、及格(1点)、不及格(0点)。

学生学期绩点是本学期所有课程绩点的总和,毕业成绩是所有学期绩点的总和。有的学校规定各门学科平均成绩在良好以上者,发给学位证书；学生的毕业绩点总数至少是总学分数的三倍,方能得到学位证书。美国一些大学在20世纪30年代初就采用绩点制,我国一些大学在20世纪50年代后开始实施。

三、学分制的特点

(1)学分制是在选科制度和选课制度的基础上诞生的,比较依赖健全合理的课程设置体系。

(2)打破了地理、区域上的传统班际、校际授课形式。

(3)打破了由学校统一安排课程时间和课程内容,学生只能被动接受的传统课程设置模式,采用了学校安排、调控与学生选择相结合的新型课程设置模式。

(4)学生在上课时间和上课场所的选择上拥有了一定的自由。

(5)学分积点(绩点)制大大提高了学籍成绩管理的合理性和可操作性,学生学籍及学业的管理在量和质上都得到了体现。

四、学分制的实施现状——以浙江省为例

(一)浙江省学分制管理模式的现状

通过对浙江省20所普通高校进行调查分析,有91.7%的高校在大学一年级或者大学二年级开设了体育选修课,有33.3%的高校在大学一年级和二年级均开设了体育选修课。这20所高校中,实施体育学分制的学校比例在80%以上,其中实施完全学分制的高校比例在6.7%,而73.3%的高校实施的是学年学分制。在实施体育学分制的高校中,有40%的高校也同时实施了绩点制。

（二）体育课程设置的基本情况

浙江省的高校中，有 52.6% 的高校的课程设置模式为：一年级开设体育基础课，二年级开设体育选修课，主要设置的体育课程包括篮球、足球、健美操、武术等。在这些高校中，选课方式为通过体育行政班选择的高校占比为 57.9%，有 77.8% 的体育教师认为学生在体育这堂课的可选择性一般，其体育课程设置、选课方式大多采用规定体育课程、任课教师由学生选择的模式。

（三）体育学分制在不同学校的差异

表 3-1　不同高校在体育课程设置及体育学分实施等方面的差异[①]

	学校性质	学校类型	学校规模
课程设置	5.91	6.28	6.42
选课方式	1.54	1.81	5.19
编班方式	4.29	810*	6.51
可选择性	0.61	3.35	2.06
实行学分制	2.65	1.54	4.80
学分制类型	0.78	7.28	5.61
实施背景	13.93**	7.50*	4.04

注：* 表示达到 0.05 显著性水平；** 表示达到 0.01 显著性水平；表中值为 chi—square 值。

（四）高校体育课程设置与实施体育学分制之间的关系分析

通过调查发现，目前浙江省的高校体育课程设置在系统性和可操作性方面仍然存在一定的不合理之处，具体表现在高校体育课程的设置主要受到学分制的影响，但是学校的选课方式和编班方式对其的影响却非常不明显。

表 3-2 从多个方面分析了目前浙江省高校体育课程设置与实施体育学分制之间的关系。

---

① 陈炜，黄芸．体育教学与模式创新 [M].北京：光明日报出版社，2016.

表 3-2　体育课程设置与实施体育学分之间的关系分析 [1]

	选课方式	编班方式	可选择性	实施学分制情况	学分制类型	学分制背景
课程设置	11.64	10.50	12.00	20.10	22.67**	18.34**
选课方式		13.14	11.51	3.10	5.46	3.33
编班方式			11.41	12.09**	12.47	14.44
可选择性				7.72	15.11	2.88
学分制实施					4.07	17.95**
学分制类型						9.55*

注：* 表示达到 0.05 显著性水平；** 表示达到 0.01 显著性水平；表中值为 chi—square 值。

通过对体育课程设置与实施体育学分之间的关系进行分析，我们可以得出以下内容：

（1）由于长期以来我国高校经常使用的是以班级为单位进行授课的授课方式和单元选课制，高校难以打破这些传统思维，没有充分认识到体育学分制的优势。

（2）受到长期以来计划经济模式下运行的教学管理体制的影响，我国高校的公共体育基础课一直以来都被设置成必修课，学分制并没有在该种类型的课程上得到应用，学分制的优势没有在这些课程中得到发挥和使用。

（3）学分制的实施对学校硬件和软件条件有一定的要求，而部分高校的条件还不能满足学分制的顺利开展。

（4）体育教学管理部门及体育教学实施部门在公共体育课程设置及教学计划方面对学分制改革实施的迫切性认识不足，未做好与之相适应的思想和组织准备工作。

（5）高校体育教师也是影响学分制实施状况的重要因素。一些教师受到传统教学观念的影响，还认为应该由学校制订统一的课程并按照传统的授课模式上课，在体育教学内容的设置上也认为应该根据其学习

[1]　陈炜，黄芸 . 体育教学与模式创新 [M]. 北京：光明日报出版社，2016.

的足球、篮球、田径、体操等项目进行安排。这些体育教师既不愿意突破思维的限制,接受学分制以及其带来的课程设置、课程内容等方面的变化,也不愿意打破自己专业的限制,进行再学习和再发展,势必会使学分制的推行受到一定的阻碍,其实施效果也会受到一定影响。

(6)学校教务部门、各院系与体育部门在学生体育成绩管理的系统化、信息化和网络化方面有待进一步完善。目前许多已实施半分制的学校,体育部门一如既往地按原课程模式进行,成绩也按百分制计算,只是由教务部门将学生成绩换算成学分和积点,使学分制流于形式。

第四章　高校体育训练理论及发展

高校的体育训练理论是建立在现代竞技体育各个理论基础之上的，它涉及体能训练、运动性疲劳、超量恢复运动心理学以及运动营养等。本章将重点阐述体能训练的相关理论知识以及目前我国高校体育训练的发展现状和所遇到的问题，要想彻底地解决问题一定要从所有的影响因素着手，因此本章还将深度探究影响我国高校体育训练质量的种种原因和因素。

第一节　高校体育训练基础理论

一、体育训练的基础

（一）高校体育训练的范围

高校的体育训练通过系统地、集中地训练，不仅仅能让青年学生增强体质，提高运动技能，还可以帮助他们掌握科学的训练方式、养成良好的运动习惯。体育训练是一项系统工程，会涉及到生理学、心理学及社会学的诸多元素。高校的体育训练更要遵循循序渐进、区别对待等基本原则。注重对青年学生生理素质和心理素质的共同塑造，逐步培养他们养成坚毅的性格品质，积极进取、勇于拼搏的人生态度，从而使他们进入社会后能够满足时代对青年人提出的新的要求，能够更好地适应社会竞争、参加社会建设。不管是普通学生还是运动队的运动员，重要的是根据实际水平制订切实可行的训练目标。训练目标要根据个人能力、心理特征和社会环境来设计，不能盲目攀比，也不能急于求成。有些青年学生是为了赢得比赛或提高成绩，有些则是为了追求获得运动技能的进步，或者单纯就是为了提高身体素质，健体强身。不论目标如何，都应尽可能的具体明确,可执行,可量化。不论是短期计划还是长期计划,在训练开始之前就应设定好执行方案和步骤,并且明确实现目标过程的具体细节。而完成这些目标的最终时刻,往往是一次重大的比赛。

（二）高校体育训练的目标

通过制订系统的训练计划和目标,可使体育教师的训练工作更有效率,而设计训练过程是有明确的目标的。比如针对学生的不同情况和诉求制订不同的训练计划,包括全面身体发展、专项身体发展、技术能力、战术能力、心理因素、健康管理、伤病预防以及相关的理论知识,包括生理学、运动学、人体科学、运动心理学等等。把高校的体育训练发展成为培养综合人才的重要支持性学科,而不仅仅停留在作为文化课和专业课的补充和调节。高校的体育训练涉及塑造青年学生的身体素质、心理素质、人格、情操等,是帮助青年学生全面成长的重要途径。因此,高校教育系统应该重视起体育训练的工作,特别是一线的体育教师,应该努力发挥自己的角色任务,根据学生的年龄、基础身体条件和天赋,运用科学化、个性化的方法和手段,制订与其水平相适宜的训练目标。

1. 全面发展身体

全面发展青年学生的身体素质是高校体育训练的基本任务。比如,发展青年学生的耐力、力量、速度、柔韧和协调性等身体素质。培养青年学生学习科学的运动方式,发展健全的人格,磨炼意志品质,培养乐观向上的体育精神。但是,发展一般身体素质是其他目标的基础,是高校体育训练最根本的目标,青年学生只有具有了强健的身体,才能够更好地学习和生活,才能够为日后进入社会生活做好准备,才能够有能力迎接激烈的竞争和挑战,才能够有机会充分发挥自己的才能。

2. 发展专项素质

发展专项身体素质是为了发展专项运动所需要的生理或身体特征的体育训练。这种训练的主要目的是为了实现运动的一些特定需求,如力量、技能、耐力、速度和柔韧性等,且要紧密结合专项运动。但是,专项素质并不是独立存在的,在具体的运动实践中,很多专项素质是运动能力的组合,如速度和力量、力量和耐力或者速度和耐力等,这些要根据具体的运动项目需求而定。

3.发展技术能力

这种体育训练的目的是以发展技术能力为核心,技术能力是获得体育运动项目成功所必需的条件,只有不断地提高技术能力,才能提高运动能力。而提高技术能力又是以身体素质的全面发展和专项发展为基础的。发展技术能力训练的最终目的是完善技术动作,优化专项运动技能。专项运动技能是展现最佳竞技状态所必需的前提条件,是专项运动的硬性指标。发展技术能力还要注意应该在各种情况下进行训练,比如正常的状况和特殊的状况,比如在有利天气和不利天气、安静环境和充满干扰因素的环境下进行等这些都是技术训练的重要内容。另外,无论是增加动作难度系数,还是增加负荷、增加干扰因素,最终目的都是围绕完善运动项目,是以提高扎实的专项技能为核心目标而进行的。

4.发展战术能力

发展战术能力也是体育训练的内容之一,而且也是一切训练过程的重要组成部分。战术能力训练是为了完善比赛策略,提高竞争能力,每一项训练都会设计战术研究和战术能力训练。具体地说,这种训练的目的是利用运动员的技术和身体能力来制订参赛战术,增加比赛获胜的概率,因此战术是一种动态的能力。

5.发展心理素质

强大的心理素质也是确保发挥最佳体能所必需的要素。高校体育训练的目的之一,就是培养青年学生拥有健康的心理素质水平,有些专家也称发展心理素质为个性发展训练。尽管名称不可能相同,但是目的是相似的,就是发展青年学生的自制力、自信心、勇气、毅力等等,这些素质对于成功展现运动能力是必不可少的。

6.健康

青年学生的整体健康状况是一切体育训练的基础,应当充分重视起来,特别是要避免本末倒置,比如为了体育训练或者提高运动成绩而损害了身体健康则得不偿失。健康保养可以通过定期体检和适当的体育锻炼来实现。适当的体育训练是指从个人的实际水平出发,选择恰当的运动项目,恰当的运动负荷和运动频率,在体育教师的指导下进行长期的、有节奏的体育运动,最终达到提高健康水平的目的。另外要注意的是,进行体育训练时要做好运动防护,避免运动损伤。

二、体能训练理论

(一)体能训练的基本概念

体能训练是一门相对新兴的学科,关于体能训练的概念,国际上有很多的探索和研究,目前还没有一个统一的定论。但是概括来说,它包括以下三个方面的内容:

(1)在运动生理、人体科学和医学等有关原理的指导下进行的提高机体对训练负荷和比赛负荷适应能力的训练。

(2)运用生物力学和专项理论知识对运动员的技术、战术水平的训练。

(3)应用心理学、营养学和管理学等原理,进行预防或者干预,目的是使运动员在身体上和精神上处于动态的、较好的竞技状态。

我国学者认为,体能训练是指采用相应的方法和手段,全面提高个体的各项生理机能和代谢水平,改善人体的身体形态以及发展其运动素质和健康素质,从而达到提高其运动表现的目的。体能训练的根本任务是运用各种专业的方法和多样的手段使运动员的各器官系统的机能水平和身体形态获得全面的提高,从而达到整体提升运动素质、掌握先进的运动技术和技能,为发展专项运动素质和技能创造有利条件。对于高校的体育训练来讲,体能训练就是以改善青年学生的身体形态,提高其机体各个器官、系统、组织的整体能力,并结合专项需要通过科学的练习,充分发展青年学生的运动素质,促进运动成绩的提高。现代运动训练类型繁多,包括体能训练、技术训练、战术训练、心理训练以及智能训练等。而体能训练是以上所有训练的基础,也是运动训练的基础,无论进行哪项运动,都需要从体能训练开始,需要针对专项的具体需求来发展相应的体能素质。另外,通过合理的训练手段和方法而建立的体能基础,也是防止运动损伤和运动性疾病的重要前提。

（二）体能训练的基本要求

1. 先全面发展再突出重点

无论是哪项运动项目,都需要具备一定的体能基础,包括力量、耐力、速度、柔韧等,因此在发展体能训练的时候注意安排好顺序,即先全面发展,再突出重点,这也是体能训练的基本原则。一方面,运动者的各项体能素质水平是相互联系的,某一项素质的提高会促进或者制约其他素质的发展。因此,运动员或者青年学生首先应该全面发展自身的体能素质,具备一定的基础能力,才能为接下来的专项运动和训练打下必要的体能基础。之后,再根据专项运动的具体要求进行专项的体能训练,也就是说,体能训练需要在有计划、有目的的前提下进行。另一方面,如果想获得某项运动的较好成绩,那么离不开专项素质训练,只有先获得良好的专项体能,才有可能提高你的运动表现和运动水平,运动员或者青年学生所从事的运动项目决定了其必须具备该项目所要求的体能专项素质。因此,在进行体能训练时,青年学生不仅要全面发展身体的运动能力,还要根据个人的具体情况和专项运动的需要,针对不同的项目,在训练同一项目的不同阶段,根据自身的发展突出体能训练的重点。

2. 以实战为训练目的

青年学生进行体能训练除了为了提高身体素质、保持一定的健康水平以外,还有就是发展运动技能,提高技战术的运用水平。因此在进行体能训练时,青年学生应紧密结合技战术的要求,合理安排体能训练的内容、强度、时间、频率等,科学选择体能训练的方法,使体能训练与专项技战术的发展有机地联系在一起,从而提高专项运动的竞技水平,在比赛中提高竞争力和比赛成绩才是专项体能训练的意义所在。在体能训练中,训练手段的选择和运用是使体能训练与技术、战术训练紧密结合的关键,体能训练的内容和手段要突出专项特征,在表现形式上尽量与专项技能、战术动作相呼应,最终提高竞技能力,从而获得优异的比赛成绩。

3. 训练比例很重要

合理安排训练内容的比例是体能训练的基本要求之一,它具体体现在体能训练的内容要有整体观念,合理安排一般体能训练和专项体能训练的比例,才能达到理想的效果。它的科学依据是一般身体训练是发展专项体能的基础,也是影响专项运动水平的基础,只有在充分地发展一般体能的基础上,才谈得上发展专项体能水平。比如,如果青年学生连最基本的力量和速度水平都不满足,是无法真正地进行某项运动的训练的,更谈不上提高运动表现。当然,每一位青年学生的身体基础条件不同,有的人天生体质较弱,那么他的体能训练的内容则主要就聚焦于提高身体素质,也就是说以一般体能训练为主。有的学生具有相当出色的身体条件,并且有一定的运动天赋,也有热情投入时间和精力在该项运动方面做进一步的发展,那么对于这一类学生而言,体能训练中专项的比例就要提高一些。因此,不能使用单一的内容比例面对所有的青年学生,而是根据不同的学生、不同的训练具体确定体能训练的内容及其比例。并且这种训练计划也需要进行动态的调整,两种训练的比例随着身体素质的提高或者训练目的的改变而改变。当学生处在高水平的训练阶段时,那么就要加强专项身体训练,才能最有效地发展专项运动能力。

4. 科学评价训练效果

重视对体能训练效果的科学评价将有助于训练者及时了解自己的训练情况,了解自己的进步水平,明确自己与预期目标之间的差距,才能够更好地制订下一步的训练目标和计划。因此,在体能训练过程中,体育教师应系统地对青年学生的身体运动能力进行定期或不定期的测量与评价。其方式要做到科学、客观,运用量化分析和定性分析评定体能训练是否达到了预期目标,如果没有达到,要进一步地评估未能达到预期效果的原因有哪些,是因为目的设定过高还是训练手段不合适,还是被其他不可控的因素干扰所致,总之,要对训练计划和执行效果及时复盘。通过科学有效的测量手段,定期评估训练效果,从而找出体能训练的薄弱环节和改进方法,成为下一步训练计划制订的重要依据,真正做到科学控制青年学生的体能训练,提高体能训练的科学性和针对性。

(三)体能训练的基本分类

1. 力量素质

力量素质是进行一切体育活动的基础。力量素质是指人的身体或身体某部分用力的能力,或者是人体在运动活动中肌肉克服内部和外部阻力的能力。内部阻力包括人体自重、关节的加固力、肌肉韧带的黏滞力、惯性力;外部阻力有负荷重力、支撑反作用力、摩擦力、离心力、介质阻力、惯性力等。内部阻力除了自重和身体组织的制约力(如关节和加固力)以外,主要是指人体用力过程中发生的、随人体的机能状态、身体形态以及用力动作的合理调节而变化;外部阻力是力量训练的主要手段,是对人体的一种外部刺激。人体就是在克服这些阻力的过程中不断地发展了力量素质。力量素质对人体运动具有非常大的影响,是人体体能的基本素质。力量素质训练是体能训练过程中的基本训练内容和主要训练手段,也是衡量青年学生身体水平的重要指标。各种体育活动都不同程度地需要发展力量素质,无论是举重、拳击、游泳、跑步、标枪、跳高以及各种球类运动,可以说没有一项运动不需要力量素质的参与,但是不同的专项所需要的力量是不同的。一般而言,力量素质又分为最大力量、速度力量与力量耐力三种。

(1)最大力量

最大力量是肌肉在随意一次性最大程度收缩中,神经肌肉系统所能发生的最大的力。在竞技类运动项目的训练中,最大力量往往表现为用于克服外部阻力的大小。而且统一个体其最大力量并不是一成不变的,而是基本上处于动态变化中的。因此,为了获得更好的力量素质,青年学生需要不断地发掘自身力量的极限,充分发挥自己的最大力量,以保证力量训练的效果。通常来说,最大力量训练多与投掷、举重、摔跤、体操和柔道等竞技体育项目相关。力量型运动项目要求运动员或者青年学生发展增大肌肉体积、发展肌肉内和肌肉间的协调性,从而达到提高最大力量的目的。

(2)速度力量

速度力量对所有需要"爆发力"的运动项目起着非常重要的作用,如短跑、跳远等项目。它是指神经肌肉系统以最快的速度发挥最大力量的能力,是肌肉系统在最短时间内发生最大用力的能力。有研究发现,当人体发挥速度力量的时间小于150毫秒时,是爆发力起主要作用;当发挥速度力量的时间超过150毫秒时,是由最大力量发挥作用。速度力量通常是以速度和加速度的形式来体现的。在田径、举重、柔道、摔跤、短程游泳、球类、体操、室内自行车和短程速滑等竞技类运动项目中,速度力量都扮演着重要的角色,发挥着重要的作用。一般来说,速度力量主要有爆发力、弹跳力和起动力三种形式：

①爆发力：是速度力量中最为人熟知的一种，它是指神经肌肉系统用最短时间产生最大的肌肉力量的能力，它可以在150毫秒之内达到最大力值。爆发力通常用力的梯度和冲量表示。在爆发力产生之前的瞬间，有一个极短暂的肌肉预拉长瞬间产生弹性能，然后迅速向相反方向用力收缩的动作过程。

②弹跳力：是指神经肌肉系统在触地前瞬间拉长，而后又自动转化为缩短的过程，正是这种以很高的加速度朝相反方向运动的力量，使身体产生跃起。与爆发力相比，弹跳力有一个触地的动作过程。经过研究证明，肌肉拉伸的速度越快，其工作的转换速度就越快，因而起跳的高度越高。

③起动力：是神经肌肉系统在极短的时间内从稳定状态发展尽量高的力量的能力，在速度力量中，起动力是收缩时间最短的力，是对外部信号尽快作出反应的一种力量能力。

（3）力量耐力

力量耐力，简单地理解就是机体耐受疲劳的能力，以较高水平持续表现能力为特征。如铁人三项、中长跑、马拉松、皮划艇、公路自行车以及足球等项目，均需要长时间的抗疲劳能力。

2.速度素质

速度素质是指人体快速运动的能力。速度能力包括快速移动能力、快速完成动作的能力和快速反应能力，即移动速度、动作速度和反应速度。速度素质反应是灵活性、反应时、肌肉收缩速度等综合能力的体现。

（1）反应速度

反应速度是指人体在听觉、视觉、触觉、动觉等方面对各种信号刺激的反应时。这种能力取决于神经传递反射弧的灵敏性。机体通过神经感受器感受外界刺激，由感觉神经元传给神经中枢，由中枢神经发出指令，肌肉收缩产生动作，这一系列的过程的快慢决定了反应速度。优秀的短跑运动员的起跑时间为0.15秒左右，处于0.18—0.20秒之间的反应时都属于优秀水平。如上所述，人体的反应时取决于多种因素，如视觉反应时、动觉反应时还有触觉反应时，是人体反应的综合能力的表现。反应速度的训练主要是充分挖掘遗传潜力、反复训练技术动作以及集中注意力和改善专项反应时。

（2）移动速度

移动速度即位移速度,移动速度包括平均速度、瞬时速度、加速度、角速度、角加速度、初速度、末速度。在一个项目中或在一个项目的某一动作环节中,可能同时包括反应速度、动作速度和移动速度。各种速度之间存在着互为相关的关系。

（3）动作速度

动作速度是指在单位时间内完成动作的多少。动作速度包括完成整套动作的速度、完成单个动作的动作速度和动作速率。在体育运动中,整套动作是指完成全部动作。单个动作的动作速度是指在整套动作中完成某一个动作的动作速度。动作速率是指动作的频率及单位时间内完成动作的次数。动作速度取决于神经—肌肉系统的调节、肌肉收缩的速度、相对力量和速度力量的大小、肌肉工作的协调性以及技术动作的熟练程度。单纯从力学上分析的话,动作速度包括动作的平均速度、瞬时速度、加速度及角速度、角加速度。跳远的起跳速度是平均速度,腾起初速是瞬时速度。平均速度与瞬时速度是相对的。在不同的运动项目中,其表现形式略有不同,这里不做赘述,但是动作速度和反应速度、移动速度三者很难单独评判,它们在协调作用下,完成运动任务。

3.耐力素质

耐力素质一般分为有氧耐力和无氧耐力,是指有机体在较长时间内保持特定强度负荷或质量的动作的能力。耐力、力量、速度这三种素质的结合,分别表现为力量耐力和速度耐力。人体的耐力素质越好,抗疲劳的能力就越强,保持特定负荷工作的时间也越长。耐力素质对于各个项目来说都是重要的基础素质,但是对于不同的项目,要求却也大相径庭。因此,加强专项耐力的训练更具意义。总而言之,耐力素质是运动成绩的基础条件,耐力训练应根据专项需要,采用适宜的训练手段和方法进行开发。

（1）有氧耐力

有氧耐力是指有机体在氧气充分的情况下进行长时间工作的能力。有氧耐力训练的目的在于提高机体输送氧气的能力,能很好地促进机体的新陈代谢,为日后增加运动负荷做准备。马拉松、越野跑、长跑、长距离竞走等项目都属于对有氧耐力有很高要求的运动。

（2）无氧耐力

无氧耐力则相反，是指机体在供氧不足的情况下坚持工作的能力。无氧耐力训练的目的是提高机体承受氧债的能力。如体操、短距离游泳、篮球、短跑等都需要优秀的无氧耐力水平。

（3）有氧与无氧混合耐力

有氧与无氧混合耐力是介于无氧耐力和有氧耐力之间的一种耐力水平。它的持续时间长于无氧耐力但是短于有氧耐力。大多数的对抗性项目如拳击、摔跤、柔道、跆拳道以及 400 米、400 米栏和 800 米等项目所需要的耐力都属于混合耐力。

4. 柔韧素质

柔韧素质是指人体肌肉伸缩能力、关节的活动幅度以及肌腱和韧带等软组织的伸展能力。关节的活动幅度的大小受骨骼关节解剖结构的限制，它基本上受基因和遗传的限制，通过训练可以改变的空间有限。而肌肉、肌腱、韧带等软组织的伸展性，是可以通过科学合理的训练而得到提高和加强的。特别是在青少年时期，5—12 岁是训练柔韧素质的关键时期。比如武术、竞技体操、艺术体操、跳水、花样滑水、散打、跆拳道等项目，对运动员的柔韧素质都有很高要求。柔韧素质又分为一般柔韧和专项柔韧，多数运动项目都同时要求一般柔韧和专项柔韧。发展柔韧素质不仅可以加大动作幅度，让动作看起来更加优美、协调，而且还能减少受伤的可能性。良好的柔韧素质对于人体具有极为重要的意义。

（1）一般柔韧

一般柔韧性指个体为适应一般训练顺利进行所需要的柔韧素质。比如球类运动员在加大必要的步幅时需要腿部的柔韧性来支持；比如人体在用杠铃进行力量练习时需要大腿后侧肌群的柔韧性。

（2）专项柔韧

专项柔韧性是专项运动所需要的特殊柔韧性，所有的专项柔韧都建立在一般柔韧性基础上，一般柔韧是专项柔韧的基础。根据运动项目的不同，专项柔韧表现出各自的特殊需求。比如速滑和赛跑运动员要求髋、膝、踝关节特别灵活；蝶泳则要求运动员的肩、腰部位的活动幅度；体操运动员的肩、髋、腰、腿等部位必须表现出大幅度的活动范围。在进行柔韧训练时，会将动作原本需要的运动幅度进行扩大，这种主动的超出叫作柔韧性的储备,它是高水平完成动作的基础。

5. 灵敏素质

灵敏素质是指人体在各种突然的条件下协调、快速、准确地完成动作的能力。熟练掌握运动技能是灵敏素质的必要前提,灵敏素质没有固定的、标准的量化单位,只有通过动作的熟练程度来显示灵敏素质的高低。衡量灵敏素质的发展水平高低主要从三个方面来判断。首先是快速的应变能力,其次是综合表现能力,最后是能在各种条件下准确、熟练地完成动作的能力。同其他素质要求一样,灵敏素质在不同的运动项目中要求也各不相同。灵敏素质是协调发挥各种身体素质、提高技术动作水平、创造优异成绩的重要条件。

6. 协调素质

协调素质是指人体准确的、有控制的完成运动的能力。协调运动的产生需要有功能完整的深感觉、前庭、小脑和锥体外系的参与,其中小脑对协调运动起着重要作用。每当大脑皮质发出运动的命令时,小脑便随之产生动作用。协调素质训练是指在各种复杂的情况下,运动员能够迅速、敏捷、协调地完成各种复杂动作的能力。协调素质是其他各种运动素质的综合表现,它主要表现在反应、起动、变换方向的速度,并能更快、更有效地提高运动员的综合反应能力。协调素质可以更好地帮助人体在复杂多变的环境中运用技战术,是竞技运动的重要体能素质要求。它不仅要求运动员做出及时、准确、合理的力量、速度反应,完成运动项目的要求,而且还要具有一定的优美性,协调性越强,运动员整合爆发力、平衡力、柔韧性等的能力也就越高。所以,对于竞技运动员而言,协调性是非常重要的素质能力。

7. 平衡素质

平衡素质是人体通过力量、柔韧、协调等多方面素质共同保持身体平衡与稳定的能力。平衡力是体育运动中非常重要的能力,对专业运动员在力量训练或者竞技比赛时的动作完成度有着极高的意义。人体如果失去了平衡,很难做好其他动作训练。对于运动员更是如此,如果失去平衡力,那么力量的大小、技术的优劣则无从谈起。在高校的体育训练中,平衡力应该在各个专项运动的学习中被重视起来,体育教师在教学中要加强对学生进行重要的体能素质训练,其中平衡素质是不可或缺的。因为平衡力不仅仅是运动中的重要素质能力,而且在日常生活的各种活动中也处处被需要。

三、超量恢复理论

超量恢复原理是在体育训练中一条非常重要的原理。只有科学地利用超量恢复训练原理,人体的训练才能达到事半功倍的效果,如果无视超量恢复,那么训练可能是极为低效的,很难得到有效的提高。要想理解超量恢复,可形象地描述为在两次训练的间歇,人体为了适应上次的训练而发展出超量的能力水平,选择这个时机进行下一次训练,那么则会让这种适应得到加强,从而发展了体能素质,使人体的机能水平不断提高。

运动训练就是不断提高机体的运动负荷从而实现提高体能的目的。但是在训练过程中,准确把握超量恢复的时间,选择最适宜的休息间隔以保证完成训练任务又取得良好的训练效果,是训练中比较不容易把握的问题。但是有研究发现,在运动时消耗了的 ATP 和 CP 大部分在 2—3 分钟内恢复。但是一次最大量的 ATP—CP 消耗的练习,休息 2—3 分钟时间就太长了,当恢复至原来的二分之一时,就可以安排下一次训练。

第二节　高校体育训练发展现状与问题分析

一、高校体育训练的发展现状

（一）高校体育训练的课程现状

随着我国素质教育、终身教育的逐渐落实和展开,高校教育训练也较好地发展起来,高校的运动专业课程也在不断地深化改革。其课程的发展现状可从以下几个方面来体现。

1. 社会需要方面

社会对高校体育训练的需求,在某种程度上决定了高校体育课程的设置和安排。社会需要因素包含社会政治、经济、科学文化发展对体育训练所提出的要求，主要体现在对培养人的素质上的要求。随着社会文明的发展，各个领域的细分和垂直发展，社会对体育人才的需求增长起到很强的促进作用，如一些新兴职业的出现：体育保健员、社会体育指导员、体育记者、运动医学专家等。而且这种需求还在不断的发展之中，需要进一步拓宽高校体育专业课程对人才的培养。从整体看来，目前我国高校体育训练课程的设置，已经将社会对专业人才的要求落实到课程计划当中，包括课程目标、选材与课程内容、课程实施以及课程评价等，都是以社会需要为指导方向，以适应社会的发展为前提。

2. 专业、学科发展方面

专业与学科的发展是相互关联的，高校体育训练课程的发展是以学科发展为前提的，是相关学科的有机结合，积极借助相关学科的最新进展，是促进高校体育训练课程发展的另一个因素。

（二）高校体育训练的目标现状

我国各高校体育运动训练专业培养目标主要分四类。

1. 培养学校体育实践人才

如河北师范大学、东北师范大学等示范院校。

2. 培养体育专门人才和复合人才

北京体育大学、天津体育学院、北京体育师范学院等属于这一类的院校。

3. 培养中级专门人才

比如山西大学就是以培养中级水平的体育专业人才为主。

4. 培养高级专门人才

以上海体育学院为代表的高校。

可见，我国高校体育运动训练专业的培养目标定位是多层次设置的，它符合社会发展的不同需求，但是与此同时，它的弊端是存在定位不够准确、界限不够分明以及方向过窄的现象，这也是今后亟待解决的问题。

（三）高校体育训练的教师现状

我国的高校体育教师基本上处于一个相对独立和封闭的工作空间和生活空间。长期地固定在某一个岗位上，一方面使体育教师对本岗位的业务已经十分熟悉，多年来重复着相同或者相似的教学目标与教学方案。另一方面，这在很大程度上消耗了体育教师的工作热情和工作能力。比如，由于欠缺新的挑战和刺激，使他们更倾向于安于现状，教研能力很少得到锻炼甚至逐年弱化。长此以往，体育教师的个人能力在止步不前，也就是说其自身知识技能的更新速度很可能跟不上社会发展对体育教学的要求。如果体育教师不尽快意识到问题并加强学习，将难以适应新时代的体育教学的要求。

（四）高校体育训练的训练现状

我国高校的体育训练课程，在时间安排上多年来都沿袭着传统的模式，比如固定的课程、固定的时间和固定的内容。虽然设置了门类比较丰富的体育专业课程和训练，但是在系统建设上还缺乏力度，所做的很多工作主要集中在普及知识和基础训练上，对于进一步的发展比如中级或者高级的训练做得还不够。而且随着就业压力越来越大，对体育训练的重视程度也会受到影响，比如大四的学生除了忙着做毕业设计以外，不是忙着实习就是忙着考研、考公务员。对于体育专业的学生来讲，他们的就业压力会更大，留给体育训练的时间和精力就会大打折扣。

二、高校体育训练发展的问题

（一）设施建设不完善

影响我国高校体育训练的一个主要客观原因，是基础设施不完善。比如学校的条件十分有限，没有足够的空间或者场地，或者虽有场地但是设施陈旧，由于缺乏维护和更新，有些设备过于老旧已经影响正常使用。在这样的条件下，高校的体育训练可能长期以来都不能正常的进行，要么是在训练量上不足，要么是在训练质量上不足。总之，高校的基础设施和场地建设不完善，是导致青年学生训练受到影响的主要客观原因。这些情况的改善,需要高校从综合管理和财务预算上都给予足够的重视。只有校方在思想意识和基础设施上同时给予大力支持,才能从根本上解决高校的训练场地和设施问题。

（二）经费投入不充裕

另外在经费方面,高校对体育训练的投入力度的确有待加强。有调研数据显示,目前我国有相当数量的高校在体育训练方面的经费投入明显不足以应对训练的实际开支需要。高校的主要目标在于学校规模的扩充和选拔优质生源,在提高综合实力的基础上着力发展学校的重点学科和院系。因此,对体育训练的重视程度不够,那么留给体育训练的经费自然就变得十分有限。没有充足的经费保障,高校学生的训练便无法正常展开。因此,训练经费的欠缺也是制约高校体育训练发展的重要因素。

（三）训练内容不丰富

我国高校的体育运动训练还表现为训练内容与模式比较单一的特性。在高校的重视程度不够、经费投入有限以及场地设施不完善的前提下,训练内容单一、训练模式滞后等现象也不足为奇。它主要表现在学生的体育训练内容常年保持不变,且不够丰富,竞赛组织较少,校运动队的发展缺乏生气等。有不少高校的体育训练仅仅局限于最基本的田径项目和几大球类项目上,而且也没有对现有的项目进行进一步的建设发展,这是导致高校体育训练发展迟缓的另一个主要原因。

（四）不够科学和规范

我国高校体育训练表现出来的另一个问题是,训练手段和方法不够科学和规范。比较突出的表现是训练目标不明确,对训练结果缺乏科学严谨的评估,训练计划含糊不清晰,这些都严重制约着高校体育训练的实质性推进。而且这些因素互相牵制,互为因果,难以突破。没有明确的长期目标、中期目标和短期目标,也没有重要的竞赛或者比赛的有力刺激,大多数青年学生的体育训练止步于漫无目的的状态。训练目标不清晰很难对训练过程进行有效的评估,自然也会导致对评估手段和方法欠缺重视。

（五）训练方法亟待更新

目前,有一些高校的体育训练水平还处于基本根据教练个人经验进行训练的阶段,而教练的个人水平参差不齐,教练的个人知识更新能力以及对教学的热情和投入也不尽相同,这使得我国的高校体育训练整体水平差距很大。部分教练员在训练中训练方法和手段达不到训练的要求,比如训练方法陈旧、训练手段不得当、训练模式单一会严重打击学生的训练积极性,久而久之制约了整体运动成绩的提高。我们的高校体育教师,外出培训交流的机会较少,教练的专业水平得不到提高,在对青年学生的训练过程中,还是根据训练项目的特点按照最传统的训练方法进行训练,手段十分单一,严重与社会的实际发展脱节,制约着青年学生运动技能的提升。

（六）训练管理有待加强

高校在体育训练管理模式、管理水平方面,与专业队的管理还存在着较大的差距。高校的体育训练管理相对松懈和缺乏监管,比如体育训练课程的内容雷同,专业设置边界模糊,每个专项教师的水平也良莠不齐。高校没有对专业课程和教师进行定期的教研与培训,有些专项教师组建项目的运动队,利用课余时间进行训练,但是训练效果和训练效率相对较低,与学校的整体教学方向也存在出入,经常以娱乐性的比赛为主,虽然丰富了高校学生的课余生活,但是对整体的训练效果没有实质性的提高。

第三节　影响高校体育训练质量和水平的主要因素

一、高校领导对体育训练的重视程度

随着社会的不断发展,社会对于高校学生的体育素质、运动水平、身体素质的要求也在不断提出要求。社会竞争日趋激烈,对人才的要求必然会越来越高,青年学生必须在德智体美几个方面都有全面的发展,才符合新时代对人才的需求和定义。因此,高校的体育训练是教育教学过程中非常重要的环节，其意义也越来越被凸显，只有高校的体育教育引起学校的重视，才可能培养出德才兼备、身心健康的人才。我国很多高校已经将体育训练作为一项提高学生身体素质、培养学生体育运动技能的重要途径。

（一）提升学校管理水平

首先，高校的体育训练管理水平需要得到提升。主要可以从三个方面入手，一是对校运动队加强管理，二是对体育教师加强管理，三是对青年学生加强管理。校运动队的管理应该从制度上保障校运动队的专项发展、队训建设以及学校利益三个方面着手。从学校运动队的现实水平出发，建立合适的发展目标，争取使高校的专项运动项目得到长期稳定的发展。对体育教师的管理应该从机制建设上给体育教师训练补贴、奖励绩效以及职称晋升直接挂钩训练成绩等方式，鼓励体育教师在体育训练中投入更好的精力和心思，提升运动队的训练水平和运动能力。学生管理突出学生的"主体"地位，以青年学生为中心，以发展他们的体育素质、培养他们建立良好的体育训练习惯为目标，使青年学生养成健康的生活习惯，使体育锻炼成为他们的终身习惯。

（二）多元发展训练项目

高校应该加大经费投入，促进训练项目多元发展。从运动项目的角度来说，增添新兴体育项目，弘扬民族传统体育项目等都是高校体育发展的重要途径。比如网球、棒球、橄榄球、攀岩、户外拓展以及高尔夫球等新兴项目让高校体育发展更具活力；而舞龙、舞狮、武术套路等民俗体育项目使高校的体育发展更为多样化。除此之外，富有地域特色的水上运动项目、山地运动项目也可以根据高校的地域位置合理规划。总之，促进高校训练项目的多元发展，是从整体上提升训练质量和训练水平的基础要素。

（三）增加专项经费的投入

学校发展体育训练，经费投入必不可少。只有在经费充足的情况下，训练项目的增设、训练场地的更新维护、训练器材的采购、教练员的课时补贴才能得以实现。虽然高校逐步对体育训练越来越重视，但是在经费的投入上还存在较大的差距。部分高校对训练经费的投入仍然较少，不能满足运动队体育训练以及普通训练和运动竞赛的需求,这在根本上制约了高校体育教学的发展。体育训练经费的投入需要学校领导和体育部门的支持,需要相关负责人都能重视起来,从而能够结合学校体育训练的需要增加专项经费的投入力度。

二、高校体育教师的素质水平

(一)全面合理的知识结构

作为高校的体育教师,仅仅熟悉教学大纲和教材或者仅仅按照教学大纲完成课堂教学是不够的。生活在当今社会环境中的体育教师,应该有意识地让自己成为"一专多能"的教育工作者。一方面要不断精耕自己的专业,另一方面还要掌握多种运动技能,运动心理学、运动损伤知识以及急救措施等等。应该有意识地以自己的专业为核心,不断地扩充知识储备,关注相关领域的新知识、新技术、新规则、新器材等,不断地扩展自己的知识结构,努力与同业积极交流经验。中国的体育事业在产业化、商业化和市场化等方面在逐步发展和提高,体育已经深入到生活的方方面面,在这个过程中体育教师应该勇于承担起更多的社会责任,拥有更大的视野,而非仅仅局限于高校的一方讲台、一节体育课。而一个具有更大格局和更高视野的体育教师,将对高校体育教学的质量带来积极影响。

(二)热爱教学以身立教

鼓励高校的体育教师成为"一专多能"的人才,其核心目的是提高高校的体育训练质量,一切的努力都是为了提高教学水平。假如一名体育教师虽然在不断地自我提升,但是却并没有用于教学,也不热爱教学,只为了满足自己求知欲,那也不是一名称职的体育教师。教学是教师的天职,热爱为学生服务是对教师的基本要求。因此,我们对体育教师的一项很重要的要求就是要热爱教学和以身立教。相对于其他学科的教师而言,体育教师对学生最有亲和力,他们之间的沟通更加轻松有趣,更加平等,学生更愿意与体育教师交流。体育教师应该好好发挥这一优势,让自己的教学工作更加顺利和出色。

（三）更新训练手段和方法

其实，训练手段的单一是制约高校体育训练的一个重要原因。青年学生非常活跃，对新鲜事物充满热情。而高校的体育训练很多还延续着传统的训练方式和手段，这些老套的教学模式很容易打击学生的积极性。因此，为了提高学生的训练热情和积极性，高校以及体育教师应该从改变教学模式和训练手段开始，不断将新的训练器材、先进的训练理论和方法带进课堂，努力研发新的训练手段和方法。这就要求体育教师结合学校的实际情况，调整训练方法，制订科学合理的训练方案，坚持"引进来"和"走出去"相结合，持续丰富体育训练方法和手段，提高学生参与体育训练的积极性。

（四）保持自身的运动能力

体育教师自身的运动能力是其职业技能中最基本的能力。体育教师应该始终保持体育锻炼，在自己的专业技能上不要懈怠和放松。很多体育教师将自己的重心转移到教学方面，而疏忽了对自身的训练。在国外，很多体育教师或者体育方面的学者由于有运动员背景，他们多年来在工作中也一直坚持专业级别的训练，这一方面是出于自己的兴趣爱好，另一方面对他们的工作也有莫大的帮助。我们的体育教师也应该加强这方面的投入，让自己保持技不离手状态，始终以专业运动员的水平激励自己。这不仅仅能让他们保持良好的体能，而且对教学工作也是一种无形的帮助。

（五）不断提高教学能力

教学是高校工作的核心内容，教师是实现这一内容的核心元素。高校的声誉和教学水平，主要通过教师的能力和水平来实现。因此，体育教师要胜任教学工作，除了专业技能，还要具有组织教学活动的能力，对各个教学环节都有很好的驾驭能力。这就要求体育教师要把握先进的体育教学理论和教学思想，了解高校体育训练的基本要求，并积极与适合需求相结合。在教学实践中不断总结、探索、贯彻、深入，不断学习与提高，增强对新课程的执行能力，不断提高自己的教研能力，做到对不同的学生都能因材施教，不断地把最新的相关发展信息与技术融入到教学内容中,保持教学与社会不脱节。所以体育教师的教学能力是决定高校体育训练水平的重要因素。

（六）不断提高表达能力

表达能力是体育教师必须具备的重要条件。体育教师的表达能力有别于其他职业对表达能力的要求,这与体育教师的职业特点有关,体育教师传达的知识技能主要以动作执行来体现,因此,体育教师要具有动作表达能力、语言表达能力和情感表达能力。比如,体育教师在体育训练课上,要对动作进行准确的示范,既要保证动作的优美和准确,还要表达的生动到位,使学生建立正确的动作认识、获得美的感受,从而激发出青年学生的学习兴趣和学习热情。另外,体育教师对于动作要领的讲解,特别是对练习方法和手段的说明在对学生的学习过程中起到关键作用,它将直接影响着学生的学习效果也就是训练效果。体育教师的语言要精练、生动、易懂,并能使学生感到教师的热情、真实、诚恳,从而克服对运动动作的畏难心理。另外,体育教学中体育教师的情感表达能力也非常重要,这是因为在动作示范和语言讲解之外,体育教师的表情、姿势、眼神、手势、仪表等都是传达教学内容和教学精神的媒介,将直接或间接地影响学生的学习情绪和学习效果。因此,体育教师在教学中要做到语言精练而准确,生动而亲切,通过语言、动作、仪表、神情、手势共同配合完成教学和训练。

第五章　高校体育训练水平提升的基础策略

高校体育训练是竞技体育和高等教育的重要组成部分。在高校开展体育训练对促进大学生体质健康与全面发展、丰富学生的课余文化生活、培养优秀竞技体育人才、营造良好的校园体育文化氛围以及提升高校的影响力等均具有重要作用。当前我国高校体育训练存在诸多问题，严重制约了高校体育的发展和优秀体育人才的培养，因此迫切需要采取科学有效的策略来解决问题，提升高校体育训练水平和质量。本章着重对高校体育训练水平提升的基础策略展开研究，主要包括健全训练条件、合理安排训练计划以及优化训练环境三个重要策略。

第一节　健全训练条件

一、改革和完善高校体育训练体制

高校体育训练是否科学、系统，训练效果是否良好，很大程度上是由高校课余体育训练体制这个因素所决定的。高校课余体育训练体制如果是完整而有效的，那么就有助于对体育人才的挖掘与培养，有助于对高水平运动队进行组建，促进我国竞技体育的发展。世界体育强国对高校体育训练体制的建立与完善都非常重视，积极从本国国情和高校实际出发而建立课余训练体制，并随着国家竞技体育的发展情况及高校训练环境的变化而调整训练体制，使之不断适应现状，不断完善。我国要提高高校体育训练水平，也要高度重视对高校课余体育训练体制的改革与完善，不仅要将高校相关体育组织和部门的作用充分发挥出来，还要对现有训练机制中不合理的结构问题进行改革，尤其要对人事分配制度和比赛制度中不合理的地方进行改革，并促进运动员人才市场机制的不断健全,建立与完善俱乐部训练体制,进一步明确训练目标、更新训练理念、畅通训练信息渠道、加强训练后勤保障,为高校体育训练的正常进行和训练水平的提高提供重要的体制保障。

二、改善高校体育训练物质条件

随着高校体育训练科学化水平的不断提升,训练物质条件对提高训练效果起到的作用越来越明显。改善高校体育场馆设施条件,更新训练仪器设备对提升运动员的训练成绩具有重要意义。

在改善高校体育训练物质条件的过程中,要注意将新科技手段融入传统物质设施建设中,实现传统训练环境与新科技的融合发展,对信息化、系统化、网络化的体育训练物质环境进行创建。新的体育训练物质环境中还应有新的反馈系统,不断吸收先进的训练设备,推广和应用3D、VR等技术,将更加全面化、立体化和动态化的训练反馈呈现于运动员面前。例如,将3D技术应用于运动员训练中,将运动员的训练过程和标准3D视频进行同步比较,使运动员了解自己的真实训练情况,从不同角度发现自己的问题,使自己的各个技术环节得到更直观的反馈与呈现。再如,将虚拟现实技术运用于高校体育训练中,使大学生运动员和专业优秀运动员共同训练或进行实战对抗,在虚拟现实赛场中录入双方的训练或比赛数据,使运动员获得真实的比赛体验,更好地理解自己在比赛中的角色。可见,将先进科技设备引进高校体育训练中,对提高训练的科学化水平和训练效率具有重要意义。

三、提高教练员的指导水平

高校体育训练水平的高低与教练员的训练指导水平直接相关,教练员自身的专业执训能力对大学生运动员训练成绩的影响是最为直接的,某种程度上教练员的执训水平直接决定着运动员的训练水平。因此,必须高度重视对优秀教练员的培养,加强对教练员的专业培训,提高教练员的专业指导水平和业务能力。当前,我国高校体育教练员队伍的整体素质并不高,有的直接是由体育教师担任教练员,很多教练员入职后没有参加过任何形式的培训和进修,训练理念落后,训练方法单一,严重影响了训练效果。甚至一些高水平运动队的教练员都没有达到真正意义上"专业教练"的标准。总之,高校教练员队伍整体水平不高。为此,必须加强对教练员的专业培养,通过职前培养、入职培训、在职进修三个方面来建设一支优秀的教练员队伍。在教练员专业培养与培训中,既要培养教练员的执训能力,又要培养其运动训练管理能力、组织竞赛的能力,同时还要培养其良好的职业道德,最终促进教练员综合能力的提升。

教练员培训制度在我国正式实行已有多年的历史,我国的教练员培训制度比较完整,该制度对提升教练员的专业水平和综合能力起到了重要的促进作用。但因为我国高校教练员数量多,整体水平不够高,原有培训制度不能适应和满足当前高校体育训练发展的需要,因此必须加强对教练员培训范围与方式的拓展和优化,具体要注意以下几个问题。

第一,为专项特长突出的教练员或体育教师提供进修机会,使其参加国家有关部门举办的教练员专业培训活动,实现由"教师型"教练向"专业教练"的转变。

第二,聘请专职教练,减轻体育教师的负担,为本校体育教师与外聘优秀专职教练提供交流的平台和机会。

第三,鼓励同一项群不同项目教练员相互沟通与交流,使之共同学习与进步。

四、建立健全的教练员考核与评价制度

现阶段,我国高校课余训练缺乏健全的评估体系,对课余训练、运动队、教练员队伍的管理不够系统,后勤管理不受重视。在评估体系内存在的种种问题中,对教练员考评不规范和不全面是最为突出的问题之一。一直以来,高校只是在某次运动会结束后或参加完某次比赛后参照运动成绩来对教练员进行结果性考评,注重结果,忽视过程,以成绩作为评价标准,这样容易进入"唯成绩论"的训练误区,容易在日常训练中盲目加大运动量,忽视其他素质的培养。可见,单纯从运动成绩出发对教练员进行评价是片面的,虽然这种考评方式能够引起教练员对日常训练的重视,但也容易造成教练员除执训能力之外的其他素质发展受限的局面。对此,要进一步建立健全教练员考评制度,做好以下工作。

第一,有的教练员也同时承担体育教师的职责,为减少教练员的工作负担,应适当减少教学量,累计教学与训练的工作量,使教练员将教

学与训练工作做好、做精,提升体育教学和训练的水平。此外,还要注意对教练员科研能力的考核,考核成绩直接影响职称评比和福利待遇水平。

第二,检查教练员制订的训练计划是否科学、合理、完善,在计划实施中定期检查效果,使教练员做好训练工作总结,提升教练员的责任感。对训练计划及其实施的检查结果直接影响对教练员的考评结果。

第三,坚持实行岗位聘任制,充分发挥竞争机制的作用,录用优秀的教练员。

第四,做好教练员在职培训工作,通过培训使教练员不断更新自己的训练理念,充实训练知识,学习先进的训练方法和经验,从而提高训练水平。教练员参加培训的情况也要纳入考核范围,评价教练员经过培训获得的进步和取得的收获。要将教练员培训作为一种有意义、有价值的投资,从而取得良好的训练效益和社会效益。

五、提高运动员的文化水平

大学生运动员体育训练是身体活动和脑力劳动的有机结合,参加训练和比赛既要做大量的身体活动,也要进行必要的思考,而且要运用自己掌握的知识去捕捉和理解训练和比赛中教练员发出的每个"信号",这就需要运动员具备一定的文化水平。如果运动员只是运动能力强,但缺乏良好的文化素养,那么不仅会影响训练和比赛,也会严重阻碍退役后的就业之路。目前我国竞技体育人才培养中逐渐认识到了运动员文化教育的重要性,提出文体并重、体教结合的培养模式,全面培养运动员的文化素质和运动素质。高校体育训练中也要注意对运动员文化素养的培养,提升运动员的文化水平,为运动员未来就业打好基础。

对高校大学生来说,学习永远是第一位的,学校课余体育训练的特点也说明了学习的重要性。如果高校体育教练员一味强调训练,对运动员的文化学习毫不关心,甚至占用运动员的文化学习时间,那么他就不是合格的教练员。现在我国高校教练员队伍中追求比赛成绩、忽视文化教育的教练员并不少,这严重制约了高校课余体育训练的持续发展,使课余体育训练之路变得越来越狭窄。

近年来,我国教育部和体育部都很关注运动员的文化教育,大力改革运动员文化教育体制,对多元化教育体系进行构建,从运动员的特殊性出发探索文化教育的科学方法,对教育内容、方法及形式进行改进,并采取多项措施来保障运动员文化教育工作的落实,从而有效维护了运动员的受教育权利,满足了运动员的文化学习需求,提升了运动员的文化水平,为运动员将来的就业与发展奠定了良好的基础。

为了避免课余训练占用文化学习时间,高校体育教练员应加强对训练方法的改进,对训练节奏进行调整,促进训练效率的提高,这样既能提高训练水平,也不耽误运动员学习文化知识。此外,教练员要与文化课教师做好沟通,共同加强对运动员文化学习的管理,共同监督其文化成绩。

第二节　合理安排训练计划

一、不同类型训练计划的安排

(一)区间性多年训练计划

区间性多年训练计划是对两年或两年以上一个特定时间段的训练所设计的计划。根据 2 年一届的世界大学生运动会和每 4 年一届的全国大学生运动会,结合高校课余训练的特点,可以设计 2—4 年的区间性训练计划,然后根据区间性多年训练计划设计年度训练计划、阶段训练计划、周训练计划以及课训练计划。

(二)年度训练计划

年度训练计划是教练员组织训练中的重要文件,是落实多年训练计划的基本单位。在年度训练工作中,根据重大比赛次数来决定单周期、双周期和多周期安排。每个训练周期是根据竞技状态的形成规律,即竞技状态的形成、保持和消失三个阶段来设计的。对于高水平运动员来说,由于一年中重大比赛次数较多,竞技状态的三个阶段不那么明显,但对于一般的学生运动员来讲,还是有必要进行三个阶段的划分的。根据竞技状态的形成规律,年度训练计划可分为准备期(一般准备阶段和专门准备阶段)、比赛期(包括赛前训练阶段和赛中训练阶段)和过渡期三个阶段。

表 5-1　竞技状态的阶段性发展与周期划分 [1]

竞技状态发展过程	生物学基础	训练任务	训练时期
形成	适应性机制	提高竞技能力,促进竞技状态的形成	准备期
保持	动员性机制	发展稳定的竞技状态,参加比赛创造好成绩	比赛期
消失	保护性机制	积极恢复,消除心理、生理疲劳	恢复期

1. 年度训练时间分配

一般在年度训练的每个大周期中,准备期比比赛期长,准备期中的一般准备阶段比专门准备阶段长。表 5-2 是单周期、双周期各阶段的时间分配。

表 5-2　年度训练中单周期、双周期的时间分配 [2]

周期类型	准备期		比赛期		过渡期
	一般准备	专门准备	赛前	比赛	
单周期	6—7 个月		4—5 个月		1—1.5 个月
	4 个月	2.5 个月	2—2.5 个月	1—1.5 个月	
	7—8 个月		3—4 个月		
	4.5 个月	3 个月	1.5 个月	1 个月	
双周期	3—4 个月		1—2 个月		0.5—1 个月
	1.5—2 个月	1.5—2 个月	1 个月	1 个月	
	3.5—4.5 个月		1—1.5 个月		
	2—2.5 个月	1.5—2 个月	1 个月	1 个月	

2. 各阶段训练任务和训练负荷

(1)准备期

促进运动员竞技状态的初步形成,使竞技能力各结构要素有机结合,这是准备期的主要训练任务。

一般准备阶段以一般身体训练为主,促进运动素质的全面提升与协

① 曹青军.运动训练理论与实践[M].北京:北京理工大学出版社,2010.
② 卢竞荣.学校课余体育训练探索[M].长春:吉林大学出版社,2008.

调发展,重点对基本技术能力和协调能力进行培养。

在一般身体训练的基础上向以专项素质训练和专项技术提高为主要内容的专门准备阶段过渡,同时要注意对心智技能的培养和战术能力的培养。

对一般准备阶段和专项准备阶段的负荷进行合理安排,处理好两个阶段的负荷衔接关系,从而整体提升运动员的竞技能力,满足专项需要。

（2）竞赛期

促进运动员专项竞技能力的发展,使其将自身竞技实力充分展现在比赛中,取得理想的比赛成绩,这是竞赛期训练的主要任务。

竞赛期主要进行专项体能训练,一般体能训练内容较少,技术训练主要采用完整训练法,加强对技术细节的巩固与完善。模拟训练在竞赛期训练中运用较多,以促进运动员技战术运用能力及心理适应能力的提升。

竞赛期训练负荷的特点是减少运动量,增加运动强度,将恢复训练融入其中。

（3）过渡期

竞赛期以消除疲劳、使身心状态恢复正常为主要任务,目的是为后面的训练做准备。训练安排上主要进行一般训练,休息方式以积极性休息为主。

（三）阶段训练计划

阶段训练也叫中周期训练,是大周期训练的基本单位,时间从数周到数月不等。中周期训练又由多个小周期训练组成。从训练阶段和训练任务出发,可以将中周期训练划分为以下 4 个类型。

1.基本中周期训练

以促进运动员身体机能水平提高和身体素质发展为主要任务,同时要发展基本技术能力和运动心理能力,打好比赛基础。

2.赛前中周期训练

以解决训练中的问题,弥补不足,促进竞技能力各要素协同发展为主要任务。

3. 比赛中周期训练

以做好赛前准备，达到并保持最佳竞技状态为主要任务。

4. 恢复中周期训练

以消除疲劳、促进身心恢复为主要任务。可以在两个中周期训练中安排恢复训练，调整身心状态。

在阶段训练计划的制订中，要以训练任务和运动员实际水平为依据而对中周期内部各个小周期的顺序、节奏及顺序负荷进行合理安排。如果一个中周期是由 6 个小周期构成的，那么这些小周期的训练负荷有多种组合方式，常见的几种方式如图 5-1 所示。

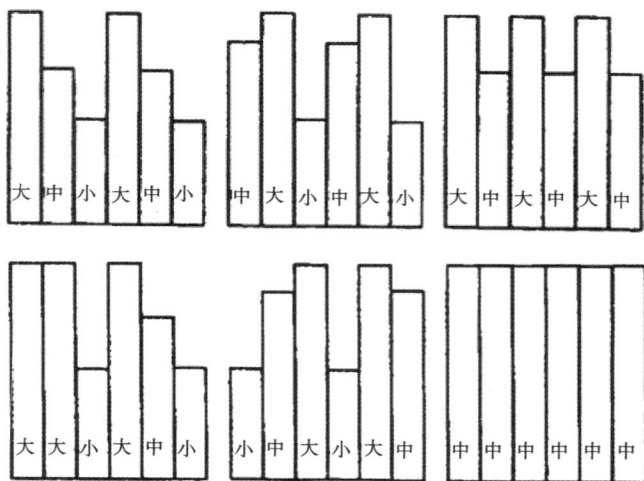

图 5-1　中周期内各小周期训练负荷的组合形式 [①]

（四）周训练计划

周训练计划也是小周期训练计划，这类训练计划在高校体育训练中最为常见，也是高校体育训练计划中非常典型的一种计划。大周期和中周期训练计划都是通过小周期这个基本单位的训练而落实的。周训练计划对一周内每天的训练任务、训练内容、训练方法与手段以及训练负荷做了规定。周训练计划为期一周，时间跨度并不长，所以教练员设计起来比较容易，而且也容易控制训练过程。一周的训练中，每天的训练

---

① 　卢竞荣 . 学校课余体育训练探索 [M]. 长春：吉林大学出版社，2008.

课次数和训练负荷基本是逐渐增加的,这样安排是为了促进运动员运动能力的持续提升。高校教练员都比较重视对周训练计划的设计与应用,通过小周期训练而逐步实现长远目标。

高校课余训练的周计划因为课余训练本身的特点而并不一定都是为期 7 天的训练,可以比 7 天多,也可以比 7 天少,要根据具体情况而安排。如果比赛需要 4 天时间,那么赛前周训练的安排可以由 7 天缩短为 4 天,如果不考虑比赛时间,而且训练任务艰巨,那么也可以将 7 天的周训练延长为 8—10 天的小周期训练。所以说,小周期训练的时间跨度并不一定都是 7 天,可以是 4—10 天不等。

小周期训练计划一般包括 5 种类型,不同类型小周期训练计划的训练任务、训练内容及训练负荷安排有所区别。对各类小周期训练计划的具体分析如下。

1. 引导小周期

(1)主要任务

正式的训练要求运动员处于一种适度紧张的状态,这种状态不仅是心理上的,也体现在身体机能上,往往要在准备期的开始阶段来引导运动员达到这种适度紧张状态,这也是引导小周期训练的主要任务之一。运动员经过前一个训练周期最后的恢复阶段后,身心机能放松,在新的训练周期中要立即进入紧张状态是比较难的,所以要通过引导小周期的安排来引导运动员的身心机能进入适度紧张的工作状态中。事实上,引导小周期的训练常常被教练员和运动员忽视,如果省略这个阶段直接进入准备性小周期的训练,那么将会影响正式训练的效率和实际效果。

(2)训练内容及负荷

在引导小周期可安排丰富多样的训练内容,以一般身体训练为主。训练负荷以中小负荷为主,训练量循序渐进地增加,训练强度保持在 55%—75% 范围内。应采取丰富有趣的训练方法进行训练。

2. 准备性小周期

准备性小周期包括下列两种类型。

(1)一般准备小周期

①主要任务

以促进运动员一般身体素质的发展,为良好竞技状态的初步形成而做好体能准备为主要任务,进而促进竞技能力的提升。训练内容以一般性训练为主,这类准备性小周期的训练负荷通常设定为 70%—80%。

②训练负荷

准备性小周期的训练负荷整体都比较小,而且呈现出从"加量"到"加强度"的负荷变化趋势。根据这一特点,一般准备小周期训练中的负荷特点表现为"负荷量增加,负荷强度不变或降低"。

(2)专门准备小周期

①主要任务

积极发展专项体能和专项技能,提高机体对训练的适应性,完成从一般性训练向专项化训练的转化,为顺利过渡到比赛期训练打好基础。负荷强度达到 80%—95%,以专项训练为主。

②训练负荷

负荷安排的特点是"负荷强度增加,负荷量保持或降低"。

无论是哪种准备性小周期,均可采用"保持一定的负荷量和一定的负荷强度"的负荷安排方式。由于准备性小周期数量多,时间跨度大,在高校课余体育训练中,普遍采用周训练负荷的两段式结构安排,即把周训练主要分为前后两半,前一半和后一半负荷内容、负荷量、负荷度的安排较为相似,而中间则安排较小的负荷或积极性休息作为调整。

需要指出的是,为使课余训练尽量少影响学生的文化学习,可将周三和周四作为调整日。同时,也尽量把大负荷训练课安排在周六日。总之,应根据大学生的具体情况来安排周训练计划。

3.赛前训练小周期

(1)训练任务

赛前训练周是重大比赛前的专门准备性训练周。主要任务是使运动员的机体适应比赛的条件和要求,即把运动员在长期训练过程所获得的竞技能力各要素集中到专项比赛所需的特定方面上去,以便在比赛中创造优异的成绩。根据实际可安排一周或数周。

(2)训练内容和负荷

训练内容更加专项化,增加专项身体训练、专项技战术训练和专项心理训练,并努力提高练习的稳定性和成功率,采用一些更加接近专项比赛的训练方法。

在这一阶段增加负荷强度,但不能同时增加负荷量。应重视课前准备活动的质量,加强训练后的恢复。恢复性训练课约占所有训练课数量的 1/3。

4. 比赛小周期

（1）主要任务

为运动员形成最佳竞技状态做直接的准备和最后的调整，并参加比赛，创造优异成绩。比赛周是以比赛日作为最后一天，并向前数一周计算的。根据项目比赛特点以及其他情况，比赛周也可延长至 10 天。

（2）训练内容和负荷

根据超量恢复的原理来安排训练内容，根据机体承受不同性质负荷后完全恢复所需的时间，将无氧训练、速度训练、力量性训练以及高强度的专项训练安排在比赛前 3—5 天内，而把有氧训练、中低强度的一般身体训练和一般技战术训练等安排在比赛前的 1—3 天内。

5. 恢复小周期

（1）主要任务

通过降低训练负荷和采取各种恢复手段，消除运动员身心疲劳，尽快实现超量恢复。通常在下面两种情况下需要安排恢复小周期。

第一，在参加比赛后，运动员身心处于极度疲劳状态，需安排一至数个恢复性小周期。

第二，在进行两个强度周的训练后安排一个恢复周，即"练二调一"的模式。

（2）训练内容和负荷

训练内容广泛而灵活，把积极性恢复训练和睡眠休息相结合，同时注意营养补充的均衡性。多进行一般身体练习和趣味游戏练习，负荷强度较低，可灵活调整负荷量。

（五）课训练计划

课训练计划是构成大周期、中周期和小周期等计划的最基本的实施方案。课训练计划的质量直接影响训练效果。一节训练课的时间长短不一，短的仅为半小时左右，长的可达 4—5 个小时。高校高水平训练队的课时训练时间可适当延长。

1. 训练内容

根据训练课的目的、任务、运动员身心情况、场地器材条件以及气候特征等来安排训练内容。

（1）身体训练

把速度、力量、最大力量、协调性的练习放在课的前面,把速度耐力、力量耐力等放在后面。

（2）技战术训练

把技术结构复杂、难度大和战术思维复杂的练习放在前面,把巩固性、实践操作性的练习放在后面。注意训练方法手段的多样性以及训练环境的宽松及和谐性。

2. 负荷安排

按照人体生理机能活动能力的变化规律和心理活动的变化规律来安排负荷,同时,根据训练课的目的、任务及运动员的实际状况等因素来调整训练负荷。

二、合理安排训练计划的注意事项

（一）科学性和合理性

训练计划是对训练过程加以控制的基础,同时也是科学化训练的保证。因此,训练计划的制订必须围绕训练目标来进行。制订训练计划,要充分了解运动员的起始状态,严格遵循运动训练的客观规律、原理、原则和要求,并考虑运动训练组织实施的各种客观条件。教练员应认真钻研和设计各种类型的训练计划。在多年和年度训练计划的设计中,应特别重视计划的指导性部分(划分训练阶段,安排训练时间、各阶段任务、比赛序列、各阶段负荷等),在周课训练计划的制订中应重视计划的实施性部分(选择训练内容、方法和手段,确定各训练手段的负荷要求等)。

对各类训练计划的制订都要达到科学性和合理性要求,下面具体分析各类计划设计中要注意的事项。

1. 大周期(或年度)训练计划

制订大周期训练计划要注意以下几个要点。

（1）制订合理的训练目标,使运动员通过努力可以达到目标。

（2）考虑季节气候的变化。

（3）充分了解有关运动项目的各种信息，掌握运动的发展趋势。

（4）善于总结上一个大周期训练中存在的优点和不足，以免出现同样的错误。

（5）教练员之间加强交流，以确定整体训练环境的和谐。

2．中周期训练计划

制订中周期训练计划要注意以下两点。

（1）充分考虑大周期计划的目标、任务和要求。

（2）考虑内部小周期之间的衔接。

3．小周期训练计划

制订小周期训练计划要注意以下几点。

（1）把中周期训练计划的任务具体落实周训练计划中。

（2）每次课之间不仅考虑大小负荷的搭配，还应考虑运动素质以及动作技能各自内部之间的转移问题。

（3）充分考虑机体和神经系统的疲劳问题，采用积极有效的恢复措施。①

4．课训练计划

制订课训练计划要注意以下几点。

（1）把小周期训练计划的任务贯彻落到每次训练课中。

（2）计划中的训练方法、手段应具针对性和实效性。

（3）训练组织和负荷安排应留有一定余地，以预防恶劣天气和运动员突发意外。

新教练员撰写的训练计划要详细一些，文字简练，图文并茂。随着训练经验的积累，可适当简化训练计划。表 5-3 至表 5-5 是田径课余训练的几种计划范例，可供教练员和运动员参考。

---

① 卢竞荣．学校课余体育训练探索［M］．长春：吉林大学出版社，2008．

表 5-3　冬季准备期基础训练阶段周训练计划范例（跳远）[①]

主要任务及方法	训练计划
主要任务： 提高速度力量和全面身体素质 主要方法： 1. 负重和各种跳跃练习，每周 2 次力量训练课 2. 前两周采用 80% 强度的跳跃练习 3. 中间两周主要进行负重练习，以发展绝对力量 4. 最后两周主要进行中短程专项跳远练习 5. 速度练习每周 2 次，方法为60—100 米跑（强度 80%—90%）	周一： 速度训练（强度 80%） 周二： 专项技术训练（强度 80%）：中短程专项跳远练习、立定跳远、立定三级跳远、立定五级跨步跳 周三： 速度训练（强度 80%）：60 米 ×2 次、100米 ×3 次 周四： 球类活动 周五： 身体素质练习；中短程专项跳远练习、双腿跳栏架、左右腿单脚跳、跨步跳各 3 组，背肌、腹肌练习各 3 组 周六： 力量训练：抓举或挺举 ×2 组、卧推 ×3组、杠铃下蹲 ×3 组 周日： 休息

表 5-4　冬季专项训练阶段周训练计划范例（跳远）[②]

主要任务及方法	训练计划
主要任务： 提升运动员的专项能力和跳远技术水平 主要方法： 1. 重点进行中、短程专项跳远训练，每周 2 次 2. 前 2 周主要采用 90% 的力量练习 3. 中间 2 周主要进行负重练习，以发展绝对力量 4. 最后 2 周主要进行中短程专项跳远练习 5. 速度训练每周 2 次（强度80%—90%）	周一： 速度训练（强度 80%）：30 米 ×5 次，60 米 ×5次 周二： 专项技术训练（强度 80%）、中短程专项跳远练习 周三： 速度训练（强度 70%—80%）：100 米 ×6 次 周四： 球类活动 周五： 专项身体素质练习；中短程专项跳远练习、左右腿单脚跳、跨步跳各 3 组；背肌、腹肌练习各 4 组 周六： 力量训练：抓举或挺举 ×2 组、卧推 ×3 组、杠铃下蹲 ×3 组 周日： 休息

①　卢竞荣 . 学校课余体育训练探索 [M]. 长春：吉林大学出版社，2008.
②　同上 .

表 5-5　赛前训练周计划范例（跳远）[1]

主要任务及方法	训练计划
主要任务： 使运动员的技术、专项素质、机体机能都达到竞赛要求 主要方法： 1. 专项技术训练以全程助跑跳远技术为主，加强最后 10 米的助跑速度和起跳相结合练习，要求快速、连贯 2. 速度训练：30 米、60 米跑（强度 100%）。 3. 力量训练：强度不低于 80%	周一： 1. 速度训练（强度 100%）：30 米 ×2 次、60 米 ×2 次 2. 其他身体素质一般性训练 周二： 1. 专项技术训练 2. 力量训练（强度 80%）：抓举或挺举 ×2 组、杠铃下蹲 ×2 组 周三： 速度训练（强度 100%）：60 米 ×4 次 周四： 球类活动或准备活动 周五： 1. 专项技术训练（强度 100%） 2. 一般身体素质训练 周六： 力量训练：抓举或挺举 ×2 组、卧推 ×3 组、杠铃下蹲 ×3 组 周日： 休息

（二）培养运动员制订训练计划的能力

　　对训练计划进行设计与制订的过程也是制订者对训练的本质问题认真加以思考的过程，让运动员自己对训练计划进行设计，有助于对其独立思考能力、发现及解决问题的能力进行培养，能够使运动员更深刻地认识训练原理、训练规律及训练原则与要求，有助于促进训练效果的提高，使运动员的运动能力和其他素质得到全面发展。在运动员自主设计训练计划的过程中，教练员要做好指导工作，与运动员多沟通和交流，可以给运动员提供建议。运动员是有智慧的个体，而不是简单的运动机器，让运动员自主设计训练计划，真正发挥运动员作为训练"小主人"的作用，培养运动员的策划能力，发挥运动员的个性，使其更有主见和远见。

[1] 卢竞荣. 学校课余体育训练探索 [M]. 长春：吉林大学出版社，2008.

第三节　优化训练环境

一、高校体育训练环境的内容

高校体育训练环境系统丰富而复杂,该环境系统既包括物质方面的构成因素,也包括社会心理方面的构成因素;既有静态的因素,也有动态的因素;而且室内外因素和有形、无形因素都有。下面主要对高校体育训练的物质环境和社会心理环境这两大构成因素进行分析。

（一）物质环境

1. 时空环境

高校内部的时间因素和空间因素所构成的特定环境就是这里所说的时空环境。高校中的时空因素尽管具有人为性,但也免不了有很多其他因素对其造成了影响。时空环境是开展课余体育训练活动的基础条件,如训练时间、训练场地等,如果缺乏良好的时空环境,体育训练活动就无法顺利开展。高校体育训练时间的安排是否合理、高效,直接影响最后的训练效果,同时也影响运动员的身心健康。有研究指出,下午是一天中人体运动能力最好的时间,教练员要根据训练规律、科学原理及大学生身心发展特征而对课余训练时间进行合理安排,充分利用良好的时空环境因素而提高训练效果。

2. 自然环境

自然环境影响着人类的所有活动。高校体育训练作为高校体育活动之一同样受到自然环境的影响。高校的地理位置、地区气候条件、周围自然景观等都在一定程度上影响大学生身心健康,但这些自然环境因素又是人们很难改变的。如果高校所在地区的自然环境存在严重的污染、嘈杂等问题,那么就会制约训练活动的顺利进行;而如果环境清净,气候宜人,干净整洁,就会给高校课余训练带来积极的影响。鉴于自然环境对训练活动的影响具有两面性,所以高校要因地制宜开展训练活动,在训练过程中将有利自然因素充分利用起来,并有意识地避免不良因素的干扰,同时也要对潜在的自然环境资源进行开发与利用,为高校体育训练的顺利进行提供优美、和谐的自然环境。

3. 场馆设施环境

高校体育场馆、操场、运动器械设备等都是场馆设施环境的重要构成因素。良好的物质条件能够为高校体育训练活动的开展提供重要的基础保障,因此优化高校的场馆设施环境非常重要而且必要。这就要求加强对各类体育馆、体育场地等训练场所的建设与完善,并健全各种体育器材设备,使高校体育教学、体育训练和体育比赛的组织与实施因依托良好物质条件而变得更加顺利,促进课余体育训练任务的顺利完成。在高校体育场地设施建设中,必须清楚地认识到场地设施的质量、规格等都会影响运动员的训练活动和心理活动,如场地布置、器材质地、设备质量等,所以要尽可能优化和美化场地设施环境,既要实用,也要美观,从而激发运动员的训练热情,使运动员的训练积极性得到提升。

4. 信息环境

高校体育训练的信息环境既包括学校内部的社会信息,也包括学校外部的社会信息。随着社会的进步和科技的发展,体育活动的信息源越来越丰富,大众传媒在提供和传播信息方面发挥了举足轻重的作用,体育书籍、体育报纸、体育刊物、体育广播、体育电视节目以及互联网体育板块等都充斥着大量的体育信息,给高校体育的发展带来了重要的影响。高校大学生通过各种传统和现代的传媒资源而观看精彩的体育比赛或获取最新的体育资讯,大学生在观看新闻或视频的过程中,其体育兴趣、体育情感以及体育态度和价值观都会发生相应的变化,体育信息给大学生带来的影响是巨大的,但有些不良信息也会造成不好的影响,如体育暴力事件、兴奋剂、假球等不良新闻就会带来负面影响。因此,高校体育教练员要对各种体育信息进行正确的处理与运用,正确引导大学生获取有价值的信息,创建良好的校园体育信息环境,从而提高高校体育训练质量。

(二)社会心理环境

社会心理环境包括以下几方面的内容。

1. 人际环境

高校体育训练中存在特定的人际关系,基于此而形成的人际环境是一种特殊的学校内部的社会环境。具体来说,高校体育训练的人际环境中包括下列几方面的人际关系。

（1）教练员与大学生运动员之间的关系。

（2）大学生运动员之间的关系,包括一个运动队队友的关系和运动队会上的竞争关系等。

（3）教练员与学校体育管理部门的关系。

高校体育训练中的人际互动就是基于上述几种关系而展开的,人际关系是否和谐对训练氛围、运动员的训练态度与积极性以及最终的训练效果都有重要的影响。

2. 组织环境

高校是一个特殊的社会组成单位,具有鲜明的组织性,高校内部又有很多次级群体,有正式的群体,也有非正式的群体,它们是高校内部组织的重要构成因素,如院系、年级、班级、运动队等都是高校社会群体的重要组成部分。高校这一特殊社会群体内部的次级群体在各自的活动中将自己的心理倾向、思想道德、精神风貌等展现出来,这些就构成了高校特殊的组织环境。高校内部组织环境具有约束作用,对组织内所有成员的现状与未来具有重要影响,也对组织的整体发展趋向产生影响。高校内部组织环境的这些影响和约束虽然不是强制性的,但影响极其广泛、深远。我们要努力构建阳光积极、奋发向上、拼搏进取的组织环境,为高校体育训练增添活力,提升体育训练水平。

3. 情感环境

高校体育训练的过程中充斥着大量的信息,也有频繁的交流和互动,信息交流也可以看作是一种情感交流,情感交流是发生在特定情感环境下的一种深层交流。情感环境是由教练员、运动员各自及相互的情感状况而构成的,因此需要由教练员和运动员共同建立情感环境。这就要求教练员在训练中耐心指导运动员、关心运动员,同时运动员也要尊重和信任教练员。高校体育训练中教练员和运动员之间的交流是面对面的,和谐的情感环境更有助于推动训练的顺利进行,提高训练的效率和最终的效果。

4.制度环境

高校体育制度、体育管理条例、各种规定以及教练员和运动队对这些制度、条例和规定的认知、执行态度等所构成的制度氛围就是所谓的制度环境。制度环境发挥着重要的作用,保障训练活动的规范性、科学性,同时约束主体的行为,直接影响高校体育训练效果。

二、高校体育训练环境创建与优化的原则

高校体育训练环境具有系统性、复杂性,构成因素较多,创建良好的体育训练环境,使环境系统内部各因素保持和谐状态,有助于推进训练进程,提升训练效果。对高校体育训练环境进行创建与优化,将训练环境的积极作用充分发挥出来,从而提升体育训练水平和质量,这需要高校体育工作者、教练员和运动员共同参与和努力。从高校体育训练环境的特殊性及重要作用出发,总结出高校体育训练环境的创建与优化要遵循下列几项原则。

(一)整体性原则

在高校课余训练环境的创建与优化中,必须从整体上调整和规划环境的各个组成要素,将各要素整合为一个整体,使这个整体的综合功能得到最大程度的发挥。具体来说,要统筹规划与安排训练环境,将各类环境的优化都重视起来,除了要完善体育场馆设施条件,还要营造良好的校园体育氛围,促进教练员工作作风的改进,在运动队内部构建和谐的人际关系,树立全局观念和长远目标,可以有所侧重,但不能过于厚此薄彼。

(二)主体性原则

对高校体育训练环境的创建不仅需要教练员和其他体育工作者的努力,还需要大学生运动员的参与和配合,将其主体作用充分发挥出来,对其环境改造能力、适应能力以及控制能力进行培养,使运动员自觉利用良好的训练环境去提高自己的训练水平。教练员要充分认识到大学生在训练环境中的地位,激发大学生的主人翁意识,将其积极主动性充分调动起来,强化其责任感,使其自觉参与和配合训练环境的建设

与优化。

（三）针对性原则

对高校体育训练环境进行设计与优化，要从特定训练目标出发，进行针对性设计以满足训练需要，使良好的训练环境促进运动员在训练中的全面发展与提升。教练员作为训练环境设计与优化的主要力量，要注意周密安排各项训练要素，从训练目标出发加强对各要素的优化整合，不能盲目设计。此外，要对具体训练情况进行分析，从实际出发进行优化设计，不能将其他学校的设计方案强行运用到本校，否则可能会制约训练的发展。

（四）校本性原则

校本性原则是指在设计训练环境时，必须从本校自身实际情况出发，充分利用学校已有的有利条件积极开发新的资源，推进训练环境建设。各校都要从实际出发，以校为本，突出优势，扬长避短。

三、高校体育训练环境的优化策略

（一）完善训练目的

体育训练活动是一种特殊的社会实践活动，其对象就是人自身，需要注重训练目的和目标的完善。在具体训练活动中，必须首先省察、明确和完善训练目的、目标，这是优化训练环境的首要前提。

（二）改善学校物质条件

创建良好的物质环境是优化体育训练环境的重要内容。在经济条件有限的情况下，不可能很快改善学校物质条件，但是教练员和运动员可以精心设计学校内部物质环境，合理布置训练场所，美化和优化物质环境，突出训练环境崇高的教育价值和审美价值。

（三）优化训练过程

优化训练过程实质上就是协调好训练环境诸要素之间的关系，可以从两个方面优化训练过程。

第一，就训练活动的构成要素而言，优化这些要素之间的关系，保证训练结构的合理和正常功能的发挥。

第二，就训练活动过程而言，使各要素衔接紧凑自然，反馈顺畅，而且要有足够的灵活性，以全面实现训练目的。在这一过程中最关键的是教练员要把训练的科学性和艺术性完美结合起来。教练员娴熟的训练艺术是优化训练过程的基本前提。

（四）优化社会环境

高校课余体育训练活动往往受社会大环境的影响，因此，社会各界应共同努力为高校体育训练营造良好的社会氛围。但是高校不可能等到社会环境完全变好的时候再进行课余体育训练，所以高校内部应该发挥自身改造社会环境的作用，为净化训练环境做出努力。这就要求高校内部工作人员与学生共同抵制社会不良风气，减少不良社会环境带来的消极影响。

第六章　高校体育训练水平提升的运动队管理策略

高水平运动队是高校体育建设的重要内容,运动队的有效管理与训练水平的提升息息相关,受到管理工作者的高度重视。本章首先对我国高校高水平运动队的建设进行实证分析,接下来较为详细地阐述运动队的发展战略规划、文化教育管理与训练管理策略,具有较高的学术水平、实用价值。希望各高校管理者通过阅读本章内容,开阔视野、启发思维,使我国高校运动队的管理更加科学化、系统化,使运动队的训练水平得到有效提升。

第一节　我国高校高水平运动队建设实证分析

一、创建高校高水平运动队的背景

（一）起始阶段

我国最初创办高校高水平运动队是为了发展中小学体育传统项目学校,提高高等学校学生体育运动的水平,培养全面发展的高水平学生运动员。总的来说,核心目标包括以下三点内容。

（1）创建高校高水平运动队,与中小学体育传统项目学校联合,共同构成一个较为完整的学校竞技运动训练体系,为培养学生运动员创造有利条件。

（2）以高校竞技运动训练为突破口,促进高校高水平运动员整体运动技术水平的提升,促进运动队的可持续发展。

（3）储备体育后备人才,为世界大学生运动会提供符合要求的、全面发展的高水平运动员。

追溯到 1985 年，我国进行了首次全国学生体质健康测试，测试结果不容乐观，与世界发达国家的学生相比，我国同龄学生的体质健康水平较低，尤其在营养状况、身高、体重等方面，健康状况远不及其他国家的学生。因此，创建高校高水平运动队的初衷之一就是通过鼓励广大学生参与体育活动，提升学生的体质健康水平。与此同时，我国在 1979 年参加世界大学生运动会，1985 年参加第十三届世界大学生夏季运动会，在各赛事上均取得了不错的成绩。然而，我国曾派"全班专业队"出战世界大学生运动会，使得国际上出现了一些不和谐的声音，认为此种做法不符合我国大国崛起的形象，不利于国际间的交往。于是，我国致力于在高校创建纯正的大学生高水平运动队，出战世界大学生运动会。

（二）过渡阶段

2005 年 4 月，教育部、国家体育总局联合印发《关于进一步加强普通高等学校高水平运动队建设的意见》，文件中明确提出："普通高等学校建设高水平运动队的目的是为国家培养全面发展的高水平体育人才，目标是完成世界大学生运动会及国际、国内重大体育比赛的参赛任务，为国家奥运争光计划和竞技体育可持续发展作贡献。"[①] 从此，创办高水平运动队的最终目的就是培养出精英运动员，参加国际上的重大体育赛事，为我国争取荣誉。

从国家层面来说，在起始阶段我国创建高校高水平运动队是为了让学生运动员参加世界大学生运动会，过渡阶段的目标则变成了培养精英运动员，让学生运动员参加奥运会。多种原因促进了目标的转变：（1）体校开始走向没落，出现生源不足等重大状况，"三级训练网"的体育人才培养途径遭遇困境。（2）运动员文化教育的缺失使得其退役后面临失业的窘况，生活得不到保障，对整个社会造成了不良影响。（3）西方竞技体育人才培养模式受到国人关注。

总而言之，在过渡阶段，我国创建高校高水平运动队主要是为了培养精英运动员，促进"体教融合"，让学生运动员的全面发展提供土壤。

[①]　周全权.我国高校高水平运动队建设的制约因素及可行途径[J].武术研究，2018，3（12）：146-149.

二、我国高校高水平运动队建设现状

（一）办队模式

我国高校高水平运动队的办队模式主要分为以下几种类型。

1. 独立办队模式

独立办队模式充分利用学校自身的力量与优势，从中学或体校中选拔学生运动员，达到入学条件后，自己培养、训练大学生运动员，使其达到较高的水平，代表学校运动队参加各类比赛，为学校争得荣誉。北京农业大学的橄榄球队、北京理工大学的足球队等都采取了独立办队的模式。

2. 联合办队模式

联合办队模式指高校与当地体委、体工职业队联合，共同培养学生运动员。学生运动员具备高校学籍，在高校进行文化课的学习，平时的运动训练则在体委或体工队进行，可代表学校参加各项比赛。此办队模式克服了高校本身缺乏办队经验和业务能力不足的缺陷，充分利用了体委或体工队专业的教练队伍、训练条件，有助于提升学生运动员的比赛成绩。例如，西南交通大学与四川全兴足球队就采取了联合办队的模式。

3. "一条龙"模式

"一条龙"模式指高校直接与中小学联合，在教育系统内部，形成"一条龙"的独立培养体系。清华大学是此模式的典型代表，清华附小、清华附中都开设了专门的体育特长班，符合条件的体育特长生可以直接进入清华大学，进行更深入的学习和训练。"一条龙"模式的创建是一项非常成功的尝试，实现了体育资源、教育资源的有机结合，促进了体教融合。

4. 大学与企业联合投资的俱乐部模式

北大方正俱乐部模式采用企业化运作与管理的方式，是此种模式的典型代表。经过多年的努力，俱乐部已经初步建立较为完整的梯队层次：北大方正乒超联赛队、北京大学队、北大附中队、北大附小队，不仅有利于培养体育后备力量,而且有助于维持和提升俱乐部的整体水平。与此同时,此种办队模式为职业运动员的转型提供了条件。

（二）项目设置

高水平运动队的运动项目设置包括 27 项教育部批准的项目,基本覆盖了全国大学生运动会开设的所有项目,但与世界大学生运动会的项目设置还存在一定的差距。我国各高校高水平运动队的运动项目设置情况如表 6-1 所示,但是在中国的一些优势项目的设置上没有体现出鲜明的中国特色。

表 6-1　我国大学高水平运动队的运动项目设置情况 [①]

类别	项目	数量
全国大运会曾开展过的项目	田径、游泳、篮球、排球、足球、乒乓球、羽毛球、健美操、武术、体操（竞技体操）、桥牌、定向越野、毽球	13
大体协各单项分会项目	田径、篮球、排球、足球、乒乓球、健美操与艺术体操、民族传统体育（武术）、棋类、网球、击剑、橄榄球、国防体育、游泳、手球、羽毛球、冰雪运动、定向越野、射击、攀岩、桥牌、自行车、棒垒球、舞龙舞狮、赛艇与龙舟、跆拳道	25
具有中国特色的体育项目	围棋、中国象棋、舞龙舞狮、中国式摔跤、龙舟、毽球	6
具有高校特色的体育项目	桥牌、轮滑、体育舞蹈、健美操、定向、攀岩登山、橄榄球	7
2007 年世界大运会所设项目	田径、水上项目（游泳、水球、跳水）、篮球、足球、排球、击剑、网球、体操（竞技体操、艺术体操）、柔道、乒乓球、羽毛球、高尔夫、射击、垒球、跆拳道、冰雪运动	16
高水平运动队可招生项目	田径、游泳、篮球、排球、足球、乒乓球、羽毛球、健美操、武术、定向越野、棋牌、网球、跳水、击剑、艺术体操、柔道、射击、棒球、垒球、跆拳道、赛艇、橄榄球、攀岩、龙舟、摔跤、冰雪运动、手球	27

但是目前,27 个运动项目的设置在学校中存在布局不够均衡合理的现象。在各所高校中,70.64% 的高校开设了"田径"项目,48.94% 的

① 王凯珍,刘海元,刘平江,汪流.我国普通高等学校高水平运动队建设现状及发展对策 [J].首都体育学院学报,2011,23(02):126-132.

高校开设了"篮球"项目。除此之外,其他 25 项运动项目都未在各高校得到充分的发展,例如,乒乓球作为我国竞技体育的优势项目,只有 14.90% 的高校在运动队中设置了此项目。运动队的规模太小不利于各运动项目形成赛事制度,不利于优势项目在我国的发展,也不利于大学生运动水平的提高。

（三）运动队建设的管理体制

在我国,教育部主要承担着管理高校高水平运动队的任务。自 1986 年试办高水平运动队之后,各校基本都成立了高水平运动队校内组织管理机构(图 6-1)。其中,副校长(副书记)作为主管体育工作的领导,体育部、教务处、后勤处、纪委、校医院等 7 大部门相关负责人共同对运动队实行管理,组织和协调各项工作。

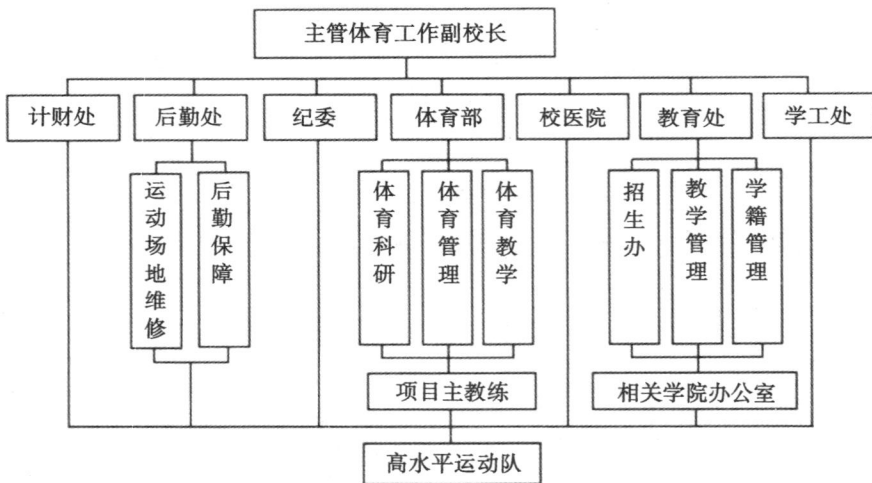

图 6-1　高水平运动队校内组织管理机构 [①]

第二节　高校高水平运动队的发展战略规划

随着社会的进步,社会发展呈现出科学化的变化趋势,人们开始从

① 王凯珍,刘海元,刘平江,汪流.我国普通高等学校高水平运动队建设现状及发展对策 [J].首都体育学院学报,2011,23(02):126-132.

战略高度以全局的观念、发展的眼光观察和认识体育现象,力争探索体育运动发展的客观规律,制订出科学的发展战略规划,更好地建设高水平运动队,促进体育运动不断发展。

一、高校高水平运动队发展战略规划的意义

"战略"一词最早出现在军事领域,谋划和指导着整个战争的走向,对战争全局有着十分重要的意义。随着社会的进步和社会形态的愈发复杂,人们逐渐认识到全局性的谋划需要运用到各行各业之中,向生活中的各个领域进行推广。战略规划具有长远性、规律性、全局性的特点,是对目标、方针政策等各项内容的高度概括。运动队的发展战略规划指通过对高校运动队体育运动的全面综合分析、科学判断,对其发展趋势做出的全局筹划与指导。

体育运动与其他行业有所不同,发展战略规划对运动队的发展至关重要,必不可少。发展战略规划问题是与体育运动发展有关的重大课题。体育运动的发展具有很大的社会广延性,只有全面考察体育运动的内部结构、外部环境,才能把握住体育运动发展的客观规律,对发展前景作出较为科学的预测,制订出符合实际情况的高校运动队发展战略规划,促进体育运动向健康发展,达到既定目标。与此同时,体育运动具有显著的竞争性,此特点使得正确的战略具有非凡的意义与作用,要想在竞争中发挥出技术水平、战术水平,赢得主动权,最终成功战胜对手,必须拥有具体的发展战略规划作为指导。

综上所述,运动队发展战略规划的制订与实施对于高校运动队事业的发展、体育运动自身的本质要求来说,具有必要性与迫切性,其重大意义与价值主要体现在以下两个方面。

1. 对高校高水平运动队事业的发展具有导向作用

运动队发展战略规划实际上是一种能有效推动其事业发展的战略性决策,主要任务是确立体育运动发展的目标,制订促进目标实现的各项举措。运动队的发展战略规划作为一种整体战略方案,实现了目标与对策的统一,使战略目标、战略对策紧密结合在一起,为高水平运动队体育事业的发展描绘出可行的蓝图,具有明显的导向作用。

2. 对体育领导工作具有决策指引作用

基于运动队发展战略规划的导向作用,决策指引作用是体育领导在工作中的具体体现。各级体育领导者只有在科学的战略规划指导下,才能始终保持清醒的头脑,把控好体育事业发展的方向。

二、高校高水平运动队发展战略规划的基本特征

(一)整体性

高校高水平运动队发展战略规划作为一个总体构想,关系着体育运动的整体发展,此构想不研究众多的细节问题、局部性问题,主要涉及研究事关全局的重大问题及其指导规律。在制订具体的发展战略规划时,必须用系统观念、系统方法分析问题。

(二)预见性

高水平运动队发展战略规划的制订,需要全面总结过去的经验,考察现在实际情况,科学地预测未来,确保其具有一定的预见性,能够正确指导接下来体育运动的发展。

(三)清晰性

高水平运动队的发展战略规划需要详细表述出完整的战略构思,罗列出具体的各项规划指标,使整个战略规划清楚明白,一目了然,具有一定的可操作性。

三、高校高水平运动队发展战略规划的具体内容

发展战略规划的成果需要用文字加以表述,制订出具体的方案,其主要内容和基本结构包括以下几个方面。

(一)奋斗目标

奋斗目标就像是整个战略规划方案的“纲”,是发展战略规划中的首要部分,也是最为重要的一个组成部分。奋斗目标需要宏伟、可行,言

辞准确、言简意赅。

（二）现状分析

对现状进行深入分析是制订科学战略规划方案的基础。客观环境是战略规划研制的约束条件，全国各所高校的高水平运动队需要认真考察、分析、归纳本地、本校、本队实际发展状况的方方面面，作为制订发展战略规划的现实依据。在对现实状况进行分析时，分析条目应该与随后列出的指标含义一一对应。

目前，我国许多运动队在拟定发展战略规划方案时，增加了"主要影响因素分析"这一内容，对影响战略目标实现的多种因素进行了归纳、分析，增加了发展规划的科学性与可行性。

（三）规划指标

战略规划指标以条目的形式呈现，一条条具体条目紧紧围绕着奋斗目标展开，是奋斗目标的具体化表现形式。在选择规划指标时，力求指标具体、全面，使之构成发展战略规划的基本框架。

（四）战略对策

战略对策指实现奋斗目标和规划指标所采取的具体措施。各高校需要组织专门班子（包括专家学者、有经验的教练、体育教师等）进行深入讨论，拟定战略对策，保证战略对策紧扣奋斗目标、规划指标，能够最终落在实处。

（五）战略步骤

体育运动发展的战略规划是一种长期谋划，其设置的目标通常需要经过较长的时间周期才能达成。因此，战略目标的实现往往会被划分为一个个不同的阶段，按照步骤实行，这就是所谓的战略步骤。在划分实施阶段、确定战略步骤时，需要从实际出发，注重形势的发展，有较为准确的预测性。通常情况下，将3—5年划分为一个阶段，各个小阶段间需要衔接自然，表达出规划者的战略意图，最终在战略步骤的递进上实现整体目标。

四、高校高水平运动队发展战略规划的制订

发展战略规划的制订是一个严谨的科学研究过程,需要遵循基本原则、遵守基本程序,运用科学方法,最终制订出成功的方案。

（一）制订发展战略规划的基本原则

1. 从高校的实际情况出发

发展战略规划的制订需要深入调查实际情况,以本校、本地区各方面的整体情况作为可靠依据,从现实出发,确保战略规划具有较强的应用性、决策性。

2. 服务于国家的总体战略

发展战略规划的制订需要服务于国家的总体战略,在充分了解国家总体发展战略部署的基础上,考虑体育事业发展的速度、规模,促进本校体育运动的快速发展。

3. 运用系统分析法和科学预测理论

制订高水平运动队发展战略规划需要综合考虑各种各样的因素,发展战略规划是一个系统工程,内部结构复杂,若缺乏系统思路,没有掌握相应的系统分析方法,对其进行剖析几乎是不可能的。与此同时,科学预测理论的运用有助于获得长远效益。例如,要弄清发展战略与科学决策的关系,运动队发展战略与社会发展战略的关系,发展战略的基本环节与结构、战略的相对稳定性与适应性调整的关系,以及正确地认识体育运动的内部结构与功能,把握体育运动发展的趋势等,都需要采用系统分析和科学预测等方法与技术。[①]

4. 遵循科学决策原则

运动队发展战略规划涉及发展体育运动的战略方针、对策、步骤等多项重要内容,属于推进体育运动的重大决策。在制订此项决策的过程中,遵循可靠性论证、可行性分析等各项科学决策原则十分有必要。

---

① 谭智平.高校运动队管理探索[M].长沙:湖南大学出版社,2009.

（二）制订发展战略规划的基本程序

高水平运动队发展战略规划的基本程序可分为两类：思维程序、操作程序。思维程序指导着人们的战略思考，总结了人们在战略思考过程中的基本规律，在很大程度上保证了主观战略意志的客观真理性。操作程序将工作重心放在组织战略规划工作上，作为一种综合性的组织活动，通过充分考虑人、财、物、时间等多种管理因素，将战略思考付诸实施。

1. 思维程序

（1）发现并提出问题。作为整个思维程序的起点，敏锐地发现并提出战略问题是确立战略思考的关键一步。高校运动队发展战略规划通常着眼于一系列重大问题，例如，整个体育事业的发展方向、目标和战略对策等，发现这些前人未曾遇到过的问题通常具有较大的难度。

（2）分析问题。这一步骤是战略思考的关键，需要将目标与问题紧密联系在一起，使提出的问题有得以解决的可能性。分析问题首先要确定正确的价值准则，这有助于在分析问题的过程中，始终把握问题的本质，并且为各种备选方案提供衡量标准。

（3）寻求战略对策，优选备选方案，确立战略思考。这一步骤是思维程序的最后一步，也是问题分析的最终结果。分析问题是为了寻求战略对策，从而解决问题。在比较和选择各种方案的过程中，必须把握好三个思维要点，确保选出最佳战略对策。

①进行科学的逻辑论证，梳理目标、过程、结果三者之间的逻辑关系。

②确立明确的价值准则，并以此作为衡量标准，在多种备选方案中选出较为适当的对策。

③具备正确的超前思维，根据事物的发展规律进行科学预测、结果比较，并做出最终的战略选择。

2. 操作程序

操作程序的主要任务是将战略思考付诸于具体的实践活动。发展战略规划的制订综合性较强，涉及面较广，通常需要投入较多人力、物力、财力，只有按照操作程序一步步开展组织管理工作，才能顺利完成战略规划的制订工作。

（1）组织阶段。在此阶段,需要组织研究班子进行总体战略规划设计,确定组织体系,拟定研究计划和进度。本阶段的关键工作是选定研究班子的小组成员,应该有目的地挑选出在各个方面有突出贡献的专家,构成智能结构。校内体育领导最好亲自参与和指导组织阶段的各项工作。

（2）研制阶段。此阶段技术性很强,需要充分发挥专家学者的作用,并对研制工作提出严格的要求。通常情况下,此阶段需要完成多项研究工作,例如,明确课题任务、进行选题设计、开展调查研究、提出解决方案、制订战略规划对策等,工作细致又繁琐,因此,必须进行周密的布置,确保整个研制阶段各项工作的科学性、求实性。

（3）审核阶段。此阶段需要鉴定研制工作的成果,在评审程序审核后得出最终的结论。审核阶段会面临三种可能性。

①确认。通过战略方案,即将付诸实施。

②否定。上一轮研制失败,需要开始新一轮的研制。

③搁置。战略规划方案有待进一步加工,某些环节、层次需做进一步改进。

第三节　高校高水平运动队文化教育管理

一、运动队文化学习管理

对运动员进行文化学习管理是高校高水平运动队管理的一个重要组成部分。运动员在长期的训练过程中,仍需要进行文化学习,这种做法不仅符合训练科学化的客观要求,在一定程度上提升运动员的智力水平,而且能够有效促进运动员自身的全面发展。

（一）运动队文化学习管理现状

目前,运动队文化学习管理面临重重困难,管理工作较难推进,主要原因如下。

（1）运动员的文化素质、文化水平存在较大的差异。在高校运动队的不同体育项目中,运动员的文化素质、文化水平参差不齐,这种情况的出现使得校方较难分配、编排班级,实施文化课教学活动。

(2)大多数运动员的学习时间不稳定。高水平运动队常年组织集训、外出比赛,导致上课时间较为零散,难以系统化,组织补课也相当困难,断断续续的文化课学习严重影响了教学效果。

(3)许多运动员缺乏端正的学习态度。运动员通常只关注自身的运动成绩,以比赛成绩论贡献,认为文化学习对自己没有用处,因此,对学习不上心。学生没有端正的学习态度,任何教学管理都难以实施。

(二)运动队文化学习的组织管理

尽管运动队文化学习管理具有一定的难度,但是只要端正学生的学习态度,综合运用多种方法与手段,完全能够克服困难,实行科学的、严格的管理,达到既定要求。在高水平运动队文化学习组织管理中,有多条措施值得关注。

(1)教务处与招生院(系)结合高水平运动队的具体特点,共同制订教学计划。在制订教学计划的过程中,需要体现出专业学习的基本业务要求,综合考虑各方面的因素,调整具体的课程内容和课程的评价方式,学生可以自行选择选修课,实行学分制,学制安排具有较强的灵活性。总之,教学计划和课程安排需要做到尽量为运动员考虑,站在运动员的立场上,一方面尽可能地减少运动员学生的学习压力,一方面确保运动员学生的文化课学习质量。

(2)规范具体的文化学习成绩管理规定。采用考试成绩加鼓励成绩的记分办法,使文化学习成绩与参加竞赛成绩挂钩,既考虑到运动队学生的实际情况,使其能够完成学业,又可用加分制来激励学生努力参加和完成训练任务及竞赛目标,真正做到学有所长、练有所成,真正办出高校高水平运动队的特色。[①]

(3)将运动员按照一定的标准组成特定的班级,开展学习活动。制订高水平运动队学生学籍管理办法,明确文化学习的要求和奖罚办法。

高校高水平运动队学生从入学开始,就应该考虑运动员的班级分配问题,尽量将运动员安排在一起,在特定的班级共同学习、生活。选择与分配思想素质高、业务能力强的教师作为班主任,加强对运动员的学习管理,帮助学生解决在学习与生活中遇到的各种困难,保证学生的文化课学习、训练、比赛尽可能都顺利进行,互不冲突。学生运动员作为大学生中的一员,以较为特殊的身份进入高校学习,理应严格遵守学校的各项规章制度、管理条例,这是稳定学校生活管理秩序、维护学校各项法规严肃性的必要前提。不能因为运动员的特殊身份就对其降低标准、放松要求,偏离高校办运动队的初衷与方向,失去其应有的意义与价值。但是,毕竟学生运动员与普通大学生之间存在一定的差别,学生运动员除了需要完成基础的学习任务外,还需要进行长时间的运动训练,在特定时间参加运动比赛,担负着为学校争取荣誉的责任。如果班主任、学校相关部门的管理人员照搬普通大学生的管理办法对学生运动员进行管理,学生运动员就有非常大的压力,难以处理好学习与运动训练之间的关系,若运动员出现重学习轻训练的倾向,将在很大程度上影响学生运动员的运动成绩,不利于完成高校办运动队的任务。综上所述,校方应该从特招生肩负双重任务的实际情况出发,制订更具有针对性的规章制度、管理条例,确保学生运动员在提高运动成绩的同时,完成学业任务,实现真正意义上的全面发展,成为一名合格的大学生。

(4)各运动队配备一名具有丰富管理经验、教学经验、热爱体育运动、业务能力强、认可与爱惜运动员的教师,严格监督运动员的文化学习,杜绝违规违纪现象的发生,及时表扬和鼓励积极进取、学习态度端正的运动员。教师需要综合考察运动员的情况,在必要的情况下,为运动员单独编班上课。

(5)鼓励教练员与班主任之间保持密切联系,加强沟通合作。班主任和各科专业课教师主动了解运动员的训练情况、比赛成绩,教练员知悉运动员的学习态度、学习情况。双方定期互通讯息,能够动态把控学生的实际状况,更好地为学生提供帮助,解决困难。

(6)为运动员制订出更有针对性的教学方案、教学方法,适当放慢教学进度。对不同学科提出不同的要求,例如,数学、外语等基础课程应从简起步、严格要求,为后续学习奠定坚实基础。

二、运动队思想教育管理

运动队的思想教育管理是文化教育管理工作中一项非常重要的内容,学校各级管理者都具有对学生运动员进行思想教育的义务。

（一）运动队思想教育管理的基本要求

　　思想教育管理工作涉及多项具体内容，需要完成多项要求，实现科学有效的管理具有较大的难度。对学生运动员实行思想教育管理，除了需要贯彻思想教育管理的普遍要求，例如，坚持疏导、树立典型等一系列基本原则之外，还应该关注一些特殊的要求。

　　（1）准确把握学生运动员的思想特点，使思想教育管理更有针对性、实效性。在思想教育管理工作中，管理者不仅需要把握学生运动员思想的普遍特点，还需要把握住不同运动员在训练的不同阶段表现出的思想状态的变化，总结出不同学生运动员思想变化的规律，提高思想教育管理的实效性，对每位学生运动员实行针对性教育。

　　（2）帮助学生运动员树立起正确的人生观、世界观。这条基本要求是开展学生运动员思想教育管理工作的根本出发点。人生观、世界观是通过后天教育缓慢形成的，许多抽象的理性观念，例如，全局观念、集体主义观念等，都需要通过不断地教育、引导学生运动员主动接受、认可。正确的人生观、世界观是人们面对外界刺激做出正确选择与反应的基础，所以，管理者在解决学生运动员的思想问题时，不应该只看到表面现象，简单地就事论事，而是应该审视运动员的人生观、价值观，帮助学生运动员树立正确的思想观念。在必要的情况下，管理者可以通过思想教育的有效途径加强对学生运动员的外部灌输，但要注意教育的方式，切不可使运动员产生较强的抵触心理。

　　（3）合理运用各种精神激励手段，激发运动员的积极性、创造性。在运动员的思想教育中，各种激励手段十分常见，对学生运动员进行适当的精神激励，激发他们的精神需求，有利于发挥其内在潜力，将个人目标与集体共同目标紧密结合起来。

　　（4）注重教育与训练的结合。学生运动员的思想教育管理，需要保持管理工作与运动训练工作的紧密结合，注重两项工作之间的协调，帮助运动员正确处理物质与精神、自由与纪律、经济营收活动与训练之间的关系，帮助运动员坚持正确的政治方向，提升自身境界，增强自身的责任感，正确地对待荣誉、集体，正确地对待自己，对自己负责。

（二）运动队思想教育管理的主要方式

（1）创造良好的集体氛围。集体的心理氛围在很大程度上影响着学生运动员个人的思想状态,运动员长时间在集体中生活,良好的集体心理氛围能改善运动员的思想状态,有利于思想教育管理工作的顺利开展。所以,管理者必须着力创造良好的班风、队风,使每位学生运动员深受良好风气的影响,自觉服从集体意志,听从集体安排。这种无形、无声的思想教育往往能收获出乎意料的效果。

（2）时刻关注学生运动员的思想问题,将思想教育管理贯穿于训练始终,保证思想教育落到实处。管理者应该敏感于运动员在训练过程中表现出来的思想征兆,对有轻微思想问题的运动员开展及时的教育,避免运动员日后产生较为严重的思想问题,及时干预、引导,达到理想的教育效果。与此同时,教练员需要以身作则,在训练中规范自身言行,为运动员树立良好的榜样。

（3）注重疏导与反馈的结合。管理者对学生运动员进行思想疏导的同时,应该让运动员了解他人（如队友、裁判,甚至观众等不同人群）对自身行为的评价,利用社会心理因素,从更为客观的角度审视自身的思想情况,对运动员产生一种潜移默化的影响。

（4）采取严格的制度管理。高水平运动队的管理作为一种准军事化管理,通常具有严明的纪律、制度和严格的要求。我国的这种管理方式是成就运动员、创造优异运动成绩的关键。在加强运动员思想管理的过程中,可以采取严格的管理制度,对运动员提出较为严格的纪律要求,如采用民主生活制度、训练考勤制度等。

第四节　高校高水平运动队训练管理

高校高水平运动队训练管理是高校体育工作中非常重要的组成部分,运动员训练水平的提升、运动训练的发展离不开科学的管理。学生运动员能否在有限的时间内提升训练质量、运动成绩,直接关系着我国各高校运动队的建设与发展。

一、运动队训练管理的原则

我国各所高校在组织与管理高水平运动队的训练工作时,需要遵循以下具体原则。

(一)教育性原则

管理者在开展训练管理工作时,首先应该强调高校育人的目标特征,明确训练管理的对象是运动员学生,而不是国家队职业运动员,应该始终将培育人才作为首要目标,促进运动员学生的全面发展。

(二)差异性原则

高校高水平运动队中的学生运动员是从全国各地通过不同渠道选拔出来的,不同学生运动员之间存在专项技术、战术水平上的差异。与此同时,训练周期只有短短的 4—5 年,教练员需要采取不同的方法,对运动员加以区别对待,进行训练管理。训练方法的选择应该充分考虑训练对象的层次、水平和特点,做到因人而异。在刚入校时,运动队训练管理的重点应放在了解学生的训练基础和培养基本能力上;在经过一段时间的专业训练后,训练管理应该将重点放在塑造体能和战术战法的选择与运用上。总之,需要保证训练管理具有较强的针对性,着力提高运动队的整体水平。

(三)阶段性原则

学校训练管理工作具有跨年段、跨假期的特点,具有明显的阶段性特征。管理者应做到具有全局观念,制订年度竞赛总体规划,明确划分各阶段的训练任务,合理安排各个阶段(基础准备阶段、赛前准备阶段、赛后总结调整阶段等)的训练内容。通常情况下,高水平运动队在下午开展训练,每周训练 4—5 次,每次持续 2 个小时左右。这个训练量对运动员来说是远远不够的,但对在校运动员来说,已经在一定程度上引发了训练与学习的矛盾,给学生带来了较大的压力。运动训练是一个循序渐进、不断深化的过程,要想提高运动成绩,必须遵循阶段性原则,保证日常的训练时间和训练量,并在备战前期加大训练强度,强化训练效果,提升训练质量。

二、运动队训练管理现状

(一)训练体系规划与管理

在计划经济体制下,我国竞技体育后备人才培养体系由体育局总体规划,进行系统设计,采取"业余体校→中心体校→省市体校→体工队"为主的模式。但随着我国市场经济的快速发展,原体育系统已经不能适应我国发展的现实需要,随着教育体制、体育体制改革的不断深入,已经初步形成了以"小学→初中→高中→大学"为主的学校课余体育训练体系,并开始建立起以各级学校为骨干的高水平运动队。

但目前,新的训练体系缺乏必要的管理,小学、中学、大学之间缺乏宏观政策的支撑,许多学生运动员未能得到系统的培养,出现了文化课基础薄弱,运动员的运动技术、思想水平等各方面都需要加强的问题。并且大多数学校(主要是各所高校、高中)在高水平运动队的建设过程中,各自为政,缺乏经验与系统的管理。高校高水平运动队建设作为学校课余体育训练体系中的重要组成部分,作为整个体系的终端环节,要想取得一定的成果,需要从根本上完善学校课余体育训练体系。管理者需要重视小学、中学、大学之间的衔接管理,制订配套的政策,促进我国高校高水平运动队的建设与发展。

(二)竞赛体制管理

我国高校竞赛体制管理有着较为短暂的历史,各联赛的发展滞后于高水平运动队的发展。各种体育项目的年度竞赛体制基本上处于空白状态。以篮球这一运动项目为例,从1987年我国创建首批高水平篮球队以来,除了大运会篮球竞赛之外,直到1998年才开始创办CUBA联赛,时隔11年,高校篮球联赛才得以起步。各项联赛的创办具有十分积极的意义,不仅使高校体育竞赛走向商业化、社会化的道路,让更多的人了解与热爱各项体育项目,更重要的是,促进了高校高水平运动队的建设与发展。各联赛管理层需要以"培养体育运动后备人才"为主要目标,组织开展各项联赛活动,形成"中国特色"。

三、运动队训练管理中存在的问题

（一）训练管理体制不健全

有相关专家调查了多所高校"训练管理体制"的基本情况，调查内容主要涉及以下几个方面：高水平运动队管理机构的设置；高水平运动队管理制度的建设情况；高水平运动队管理人员的配备；高水平运动队的办队模式。现对上述四个方面的调查结果作详细阐述。

（1）在高校高水平运动队管理机构的设置方面，具体的调查数据显示，仅有20%的高校建立了针对高水平运动队的管理机构，大多数学校的高水平运动队仍挂靠在体育管理部门名下。

（2）在高校高水平运动队管理制度的建设方面，基本上所有学校都制订了专门的管理制度，规范运动队的建设。但由于各高校的办队时间不同，各自积累的经验不同，在运动队管理制度的建设方面存在着较大的差异。具体的调查数据显示，在高水平运动队建设方面，约有30%的高校建立起了较为全面的管理制度；大部分高校只建立了部分管理制度，其制度建设较为落后。制度的缺失造成了管理混乱、管理效率低下等一系列问题，降低了高校高水平运动员的质量。

（3）在高校高水平运动队管理人员的配备方面，具体的调查数据显示，26.5%的高校为高水平运动队配备了专职的管理人员；64.7%的高校委派本校教师监管高水平运动队；8.8%的高校对外招聘专门的管理人才建设高校高水平运动队。兼职管理人员通常缺乏足够的经验和过硬的专业技能，兼职管理人员负责高水平运动队的管理工作，往往无法实现管理的最优效果。

（4）在高校高水平运动队的办队模式方面，主要有"自办""联办"两种模式，各高校在选择办队模式前，会充分考虑本校的硬件、软件设施，根据实际情况，做出最终的选择。具体的调查数据显示，76.5%的高水平运动队属于"自办"模式；只有23.5%的运动队通过"联办"模式办队。两种办队模式各有优势，但目前大多数高校在体育领域的资源不够充分，"自办模式"难以保证人才培养的质量，未来高校的体育事业会逐渐向社会化方向发展，在这种情况下，高校应积极探索符合校情的"联办模式"，寻找社会优质资源，实行"走出去"的战略。

高校高水平运动队要想实现可持续发展,必须建立起科学的、符合校情和项目特点的管理体制。目前,大多数高校缺乏对旧有体制的改革与创新,使得运动队不能适应新环境的变化,发展受到了限制,训练管理体制的不健全阻碍了我国"学院化"体育模式的进程,高校高水平运动员的培养面临困境。

(二)训练管理过程不严谨

(1)由于各高校普遍存在缺乏人力资源、物力资源的情况,许多运动队没有制订完善的训练大纲。训练大纲的制订能够保证运动队的正常运行,训练大纲的内容通常涉及运动队的训练形式、训练方法、各项竞赛活动的安排等等,完备的训练大纲能够有效提升学生运动员的综合素质和运动队的整体水平。目前,训练大纲的缺乏导致训练时间非常随意,训练方法缺少创新,运动队的训练缺乏科学性、系统性,训练过程的管理停留在无序状态,没有做到科学化、规范化。

(2)学生运动员在寒暑假期间缺乏具体的训练安排,长期训练计划不够完善。许多高校平时训练散漫,仅在参赛前期进行大强度的训练,训练缺乏整体性与连贯性,必然难以创造好的运动成绩。

(三)缺乏高水平教练员

教练是高水平运动队的灵魂人物,其业务能力、综合素质直接影响着学生运动员的训练效果、个人成长和整个运动队的竞技水平。

教练员在现代竞技体育中起着十分突出的作用:教练是整个运动训练的策划者、组织者,在整个运动训练过程中,教练员的道德修养、思想品质对运动员起着潜移默化的影响。从多方面内容来看,校方高水平教练员队伍的整体素质,教练员管理工作的效果影响着高水平运动队的训练管理工作、竞技体育管理工作的成败。目前,在运动队的训练管理中,教练员队伍建设还存在着诸多问题。

(1)运动训练需要教练员投入大量的时间和精力,因此,教练员需要尽可能做到专职化,全力以赴地提升学生运动员的训练质量。然而现阶段,教练员的专职化程度较低,大部分教练员属于兼职教练,其专业水平、专业能力难以保证。

(2)教练员的选聘工作缺乏应有的重视。许多高校运动队采用行政任命制的方式选拔、录用教练员,只有少数高校采用聘用制。任命制的录用方式使得校方疏忽了对教练员综合素质的考察,缺乏对教练员的监督,教练员在这种方式下极有可能面临较少的工作压力,从而缺少提升自身各方面能力的诉求。与此同时,教练员还需要通过提升教学水平来证明自身的能力,客观来说,不利于教练员将自己的全部精力投入到运动训练的管理上。

（3）目前,我国大多数高校运动队的教练员毕业于体育院系,拥有较高的学历、较为扎实的理论基础,但通常缺少实践经验,几乎没有参与过相关职业赛事,缺乏相关训练和比赛经验。反观国家队、职业队的大多数教练员,他们通常具有丰富的职业经验和较高的运动水平,但缺乏科学的体育基础理论、基本的科研能力,在训练的方式和方法上,少有创新。因此,高校高水平运动队在教练员的选拔及培训方面,需要解决如何把二者有机结合起来的难题。

（四）训练条件差异大

1. 运动员的训练补贴

运动员训练补贴的金额反映出了各学校对高水平运动队的重视程度和学校的后勤保障水平。通常情况下,大学为运动员发放的训练补贴为 10—30 元 / 天,训练补助主要用于改善球员的伙食,保证球员的营养均衡。

大多数高校运动队经费短缺,经费来源渠道单一,部分高校没有设置运动队建设的专项经费,训练补贴远低于国家规定的人均标准。综合实力较强的高校通常能够做到按时发放训练补贴且补助金额数额较高,出于对运动队的重视,这些学校运动队的成绩也更好。然而,许多高校不太重视学生运动员的训练,训练补贴也存在拖欠的情况。

2. 场馆建设

体育场馆设施作为衡量高校运动队发展水平的一个重要标志,是运动队开展日常训练必不可少的物质条件,只有做好场馆设施的管理工作,才能在一定程度上保证运动训练水平的稳步提升。运动队开展正常训练、比赛都需要专业的场馆和器材设施。

近年来,许多高校越来越重视高水平运动队的建设,加大了对高水平运动队的资金投入,新建了很多专业的训练场馆,改善了学校的运动场地设施,为竞技水平的提高提供了保障。

然而,各所高校之间存在较大的差异,许多高校的场馆建设不能满足日渐增长的训练和比赛的需要,或者存在缺乏专门的训练场所、日常体育课与多种运动项目的专业训练共用一个场馆的情况。与发达国家相比,我国高校的专用场馆比例过低。从开展竞技运动的具体要求来看,目前大多数高校的运动场地设施不符合高水平竞技体育比赛的要求。

因此,我国各高校体育运动训练管理者急需解决的问题是:在现有资源条件下,如何最大限度地提高场地设施的利用率。另一方面,有少数高校比较重视体育运动场地设施的建设,一座座现代化的球馆和设施建立起来,但又出现了另一个问题,即如何弥补现代化设施管理上的缺陷,一方面是现代化的场地和设施,另一方面是杂乱的管理和非科学化的利用,这两者之间的矛盾共同导致良好的运动条件下不能提供优秀的运动成绩,这种用与管的脱节是当前高校运动队普遍存在的现象。[①]

3. 医疗服务人员的配备

运动成绩的提高离不开运动医学的重要支撑,然而,高水平运动队由于缺乏充足的资金投入,往往没有条件配备专业的医疗服务人员。即使有高校配备了医疗服务人员,其人员大多采取了兼职聘用的方式。缺乏专业的医疗服务会增加学生运动员患运动伤病的概率,增加运动风险,损害伤病恢复的效果,影响整个运动队训练质量和综合水平的提高。

综上所述,各所高校的训练条件存在较大的差异。

四、运动队训练管理的对策建议

(一)加强训练体系的规划与宏观管理

训练体系的规划与宏观管理的工作重心应放在招生政策、竞赛制度、训练体系(大、中、小学之间)的衔接方面。国家教育主管部门应该根据实际需要,开展调研与评估,出台近期、中期、远期学校训练工作发

展规划,加强宏观管理,明确阶段发展的目标,扩大高校高水平运动队招生的自主权,推动学校体育训练工作的健康发展。

（二）完善竞赛制度

国家教育主管部门、大学生体协以及各省市教育主管部门应该注重完善竞赛制度,组织有关专家开展广泛调研,借鉴国外联赛管理的方法,统一赛制,构建和完善具有我国特色的竞赛体制与制度。

与此同时,应该充分发挥现代宣传手段(例如网络直播等)的积极作用,让竞赛盛况走入千家万户,得到更多的普及。

（三）探索高水平教练员选拔、培训、聘任的管理办法

我国高校拥有属于自己的高水平教练员队伍,需要相关政策支持,构建较为完善的教练员培养制度。国家教育主管部门、体育院校应该尽快制订配套政策,探索高水平教练员选拔、培训、聘任的管理办法。首先,根据运动队的现实发展状况和需求,向社会招聘高水平教练员。其次,大胆尝试与运用主教练负责制。最后,对教练员的表现进行综合评价。

国内部分高校在实践中,结合校情,采取了有计划选送有前途的年轻教师到体育院系进修;不定期选派高水平篮球队现任教练员参加各类教练员培训班学习;招聘项目中心的优秀教练员(联办模式);外聘社会上高水平的教练员等方法。[1]许多方案取得了显著的效果,值得大力推广,有助于我国高校高水平教练员队伍的建设。

---

[1] 黄琪.普通高校高水平篮球队训练管理的改进对策研究[D].武汉科技大学,2011.

第七章　高校体育训练水平提升的创新策略与实证研究

　　创新是竞技体育的灵魂,离开创新,运动员很难获得长远的发展,也难以在比赛成绩上取得新的突破。因此,创新是提升高校体育训练水平的根本动力。体能训练、技战术训练、心理训练是高校体育训练的重要组成部分,在各项训练中贯彻创新理念,对提高训练效率、改善训练效果以及最终提升运动员的竞技能力和健康水平具有重要意义。我国很多高校在体育训练中都很重视创新,并且通过科学研究以及用事实证明了创新带来的良好效果。本章主要对高校体育训练水平提升的创新及实证展开研究,从体能、技战术以及运动心理三个方面论证创新的重要意义。

第一节　体能训练创新与实证研究

一、体能训练理念创新

（一）以智能化技术为基础,创新训练理念

　　现代体能训练的发展呈现出鲜明的智能化趋势,科学化、科技化及智能化水平越来越高。将智能技术引进高校体能训练中,使智能技术的优势及应用价值充分发挥出来,对提高高校体能训练效率具有重要意义。例如,可以利用智能技术来动态性地监测运动员体能训练效果,对运动员的体能状况进行实时跟踪,并根据智能反馈提出意见或建议,以提高体能训练的针对性和科学性。此外,可以将智能软件、信息技术等现代化手段应用到高校体能测试中,结合大学生的体能状况为其制订科学化和个性化的运动训练处方,提高训练的效率和效果。智能软件的优势主要体现为数据收集的快速性、数据分析的准确性、数据传播的广泛性等多个方面,利用这些优势进行体能测试与训练,能够为体能训练效果的提升提供重要的科技支撑,从而促进大学生运动员健康水平和体能水平的全面提高。在高校体能训练评估指标的设计中也可以将现代智能技术充分利用起来,创建智能化评估平台,提高评估效率,并通过评估而激励大学生运动员积极参与体能训练,运用多元化、创新性的训练方式自觉提升健康水平和专项体能水平,为高效学习和参与比赛奠定良好的健康基础与体能基础。

（二）以生活化诠释为指引,重构训练模式

高校体能训练的科学实施离不开生活化这一重要因素。大学生参加体能训练的行为是否积极,与其对待健康和竞技能力的态度有重要关系。在高校体能训练理念与模式的创新中,大学生的健康永远都要放在首位,结合大学生的现实生活因素而进行体能训练,将日常生活与体能训练有机结合起来,使大学生对健康的重要性、体能训练对健康促进的重要性有深刻的认识,从而积极参与体能训练,从中享受乐趣,获得成就感,提升健康水平和综合体能水平。此外,要重视对大学生健康生活理念和良好生活习惯的培养,使大学生在日常健康生活中自觉进行体育锻炼和体能训练,养成健康、规范的行为习惯,为持久健康与全面发展奠定良好的基础。为了实现体能训练与日常生活的高度结合,教练员要善于从大学生的生活与学习中挖掘体育素材,根据大学生的兴趣爱好来改造素材,依托这些素材而设计大学生感兴趣的训练方式,从而提升体能训练的乐趣,强化大学生对体能训练的认同感和参与感,使大学生自觉积极地参与和自己生活贴近的体能训练活动。

二、体能训练方法创新

（一）新型体能训练方法

我国体能训练理论和训练方法主要是从苏联借鉴而来的,相对比较落后,这些传统的训练理论与方法一直沿用至今,已经不适应我国体育事业的发展现状了。我国体能训练因为受传统训练理念的影响较深,在

"项群理论""三大一从"等传统训练理论下形成的训练方法比较陈旧单一,限制了现代体能训练的发展和我国运动员体能水平的提升。在我国高校体能训练中,普遍存在着身体训练就是体能训练的认识误区,而且为了提高训练成绩,一味加大训练负荷,延长训练时间,导致大学生运动员体能衰竭出现的时间较早。在部分高校的体能训练中,教练员和运动员简单地认为体能训练主要就是进行力量和耐力训练,而且在力量训练反复进行杠铃训练,训练方式单一。高校体能训练缺乏针对性和全面性,而且很多教练员都没有从运动员的实际情况出发而设计包含体能全部内容并有所侧重的体能训练计划,而不管运动员体能状况如何,都只是进行单一的力量训练和耐力训练,单纯通过加大训练强度来提升训练效果,对运动员体能的持续发展造成了限制。

运动员在训练与比赛中,要顺利完成技术动作,需要有良好的肌肉控制性与稳定性,这对运动员的动态稳定能力即维持身体稳定状态的能力提出了较高的要求。所以在高校体能训练中,不仅要进行肌肉力量训练,还要进行肌肉稳定性训练,提升肌肉持久稳定运动的能力,这是运动员尤其是对抗类项目运动员提升运动训练能力和比赛成绩的重要体能条件。对此,高校必须将对大学生运动员身体稳定能力的训练纳入体能训练计划中,予以高度重视。小肌肉群训练是动态稳定能力训练的主要内容,高校体能训练往往主要是进行大肌群训练,没有针对性地锻炼小肌肉群,这是运动员在训练或比赛中出现动作不平衡、出现慢性损伤的主要原因之一。所以在日常体能训练中必须加强小肌群训练,使运动员肌肉稳定活动能力、控制能力改善与提升,从而促进肌肉力量平衡发展,预防慢性损伤。

对运动员肌肉稳定性训练的重要性有了深入的认识后,就要根据运动员的实际情况而为其设计专门的训练处方,旨在促进运动员在非平衡环境下肌肉持续稳定活动能力及爆发力的提升,这方面的训练方法参考表 7-1。

表 7-1　新型体能训练方法 [①]

训练方法	训练目标
波比跳	发展全身协调性及心肺功能

[①] 官兵兵,吕康,蒋杨林.论体能训练的创新及应用——以安徽省运动员为例[J].安徽师范大学学报(自然科学版),2021,44(03):302-306.

续表

训练方法	训练目标
杠铃高翻	发展全身爆发力
蝴蝶引体	发展背部及上肢爆发力
徒手爬行	发展全身协调性
悬吊俯卧撑	发展上肢稳定性
悬吊开合腿	发展脊柱稳定性
悬吊卷腹	发展腹部力量及脊柱稳定性
半瑞士球深蹲	发展下肢稳定性

（二）体能训练新方法的作用

上表所示的新型体能训练方法对运动员来说具有重要意义，具体表现在下列三个方面。

1. 减少体能消耗

很多体育项目都对运动员的体力提出了较高的要求，表现性项目和对抗性项目在这方面的要求尤为显著。运动员除了要在日常生活中有意识地改善自己的体力素质外，关键要在科学而系统的体能训练中通过合理的训练方式而减少不必要的体能消耗，维持肌肉持续工作的能力，从而坚持到最后，取得理想的比赛成绩。传统体能训练主要是训练大肌群，经过长期的训练，可以显著提高大肌群的绝对力量，但有些运动环境需要运动员不断做出快速反应，此时如果只靠发达的大肌群去完成"指令"，那么会消耗大量的能量，从而影响技术动作的完成质量，也会使运动员很难坚持到最后时刻。新型体能训练主要是对深层核心小肌肉群加以刺激和训练，有助于节约体能消耗，使运动疲劳出现的时间晚一些，这为运动员持久发挥技能水平奠定了良好的体能基础。

2. 改善稳定性

对于从事任何运动项目的运动员来说，肌肉稳定性都是必不可少的体能素质，不管是一般水平的运动员，还是高水平运动员，在竞争激烈的比赛环境下，场上状况千变万化，运动员必须高度集中注意力，以良好的判断力和节奏控制力对战况进行分析和预测，从而结合实际情况做出决策，尽可能高质量完成每项技战术，赢得比赛胜利。但是，比赛场上的情况常常瞬息万变,在对抗过程中,一旦节奏发生变化,就可能会有很多意想不到的现象出现,而此时如果运动员缺乏良好的身体稳定性和肌肉持续活动能力,便很难与对手相抗衡,容易占据下风,陷入被动,比赛结果也往往不理想。而在这种运动环境下,如果运动员保持身体稳定的能力很强,那么对其来说就是难得的优势,对对手来说是颇具威胁性的,良好的身体控制能力为运动员高质量完成技战术并持续作战提供良好的身体支撑,有助于运动员将自身技术优势充分发挥出来,取得比赛的胜利。

3. 预防运动损伤

在运动训练和竞技比赛中,运动员难免会因为各种各样的原因而发生运动损伤,要完全避免损伤是很难的,我们要尽最大的努力去预防损伤,降低损伤发生的概率,减少损伤带来的危害。运动人体科学相关学科一直都在研究关于运动员损伤的预防和处理问题,虽然研究成果显著,但运动损伤事件从未断过,时有发生,影响了伤者的身心健康和运动生涯,甚至给运动员的一生都带来了困扰。从运动损伤发生的原因来看,思想轻视、动作不规范、缺乏热身准备等都是常见的原因,这也是老生常谈的几个原因,但缺乏良好的身体稳定性作为导致运动损伤发生的关键原因之一却常常被忽视。通过新型体能训练方法而提升核心肌群的稳定性,可以有效提高身体稳定性,使运动员在对抗运动环境下依然能够持续"输出",稳定发挥,同时有效预防损伤发生。在运动员康复训练中也可采用新型训练方法达到康复的目的。

(三)将体能训练新方法运用到高校体能训练中的建议

1. 训练方案科学

提升体能水平,为充分发挥专项技能水平而奠定基础,这是体能训练的主要目的。不同类型的运动项目因为专项技能的差异而对运动员的体能素质提出了不同的要求。因此要根据专项需要而设计体能训练新方法的应用方案,并根据运动员专项技能水平的变化而不断调整训练方案,通过实施科学的、个性化的、与时俱进的训练方案来有效提升运动员的体能水平,满足专项需要,提高运动成绩。

2.训练配比合理

体能训练新方法运用到体能训练过程中,并不意味着要否定传统体能训练模式,更不能删除力量、速度、耐力、柔韧、灵敏等传统体能训练内容,教练员要从运动员实际情况出发而合理分配传统体能训练和新型体能训练的比例,并一如既往地重视五大体能素质的训练,可以根据训练需要而设计"以传统训练为主,新型训练为辅"或"以新型训练为主,传统训练方法为辅"的不同模式,确保二者之间比例恰当,并随时根据专项要求和运动员现状而调整二者的比例,从而全面提升运动员的综合体能素质。

3.训练强度适宜

将体能训练新方法运用到体能训练中时,刚开始运动员会因为之前缺乏小肌群训练,突然增加这方面的训练内容而感到不适,训练动作对一些运动员来说要完成是比较难的。为了避免引起运动员身体不适和心理抗拒,降低运动员的紧张感和恐惧感,要循序渐进地安排小肌群训练负荷,先安排小强度训练使运动员适应一段时间,然后逐步过渡到正常强度的训练中,再根据训练目标而不断增加强度,逐步提升运动员小肌群的力量和身体在运动场景下的稳定能力及控制能力。

三、高校体能训练创新实证研究——排球功能性体能训练创新实证

许雷在《南京大学女子高水平排球运动员功能性体能训练实证研究》一文中运用个案分析和实验研究的方式研究并证实了功能性体能训练对提升羽毛球运动员体能水平的重要性。下面以此为例来进行实证研究。

(一)实验方案

将南京大学女子排球队 12 名运动员划分为实验组和对照组,每个各 6 人。实验前两组的体能水平相当。实验中对照组和实验组分别采用传统体能训练方法和功能性体能训练方法两种不同的方法进行训练,训练时间为期 13 周,训练结束后对比两组运动员的体能训练效果。

1.对照组的传统体能训练

（1）力量训练

对照组的力量训练安排在每周的周二和周四,主要进行器械类力量训练,选取5种左右器械,每种器械各训练8组左右,强度为60%—100%。训练的部位大都是与排球专项技能要求相关的肌群,训练方式具体包括站姿负重提踵、负重转体、负重坐蹲、负重斜板仰卧起坐、连续蛙跳、跳台训练、平板支撑、快速挺举或抓举等。

（2）速度与灵敏性训练

速度和灵敏训练在同一天进行,每周一次,安排在周四力量训练结束之后,大约半小时时间。主要对运动员急停、变向、变速、跳跃以及反应等能力进行训练。将速度和灵敏训练安排在力量训练之后是不合理的,运动员在疲劳状态下进行训练,效果并不理想,而且不利于运动员身心恢复和后面的运动表现。

（3）有氧耐力训练

对照组每两周进行一次耐力跑训练,距离4000米,训练时间为周六下午,这一天整体训练强度不大,而且没有专门的体能训练课,所以安排在这个时间段是比较合适的。耐力跑的形式主要有规定时间内跑完全程的计时跑和低强度不计时跑两种方式。虽然在排球运动中无氧耐力比有氧耐力更重要,但有氧耐力的训练也是必要的,有助于促进运动员心肺能力和乳酸代谢力的提升,从而保持持久的运动能力,使疲劳出现的时间延缓,使运动员的抗疲劳能力得到提升,坚持完成大强度的训练和激烈的比赛。在排球体能训练中,对运动员坚持完成训练任务产生制约的主要体能因素一般不是力量因素,而是运动员机体能量供应不能满足需要,供需不平衡,这种情况下运动员疲劳积累,对训练效果产生影响。所以说虽然有氧耐力对排球运动员来说不像对篮球、足球运动员那样重要,但在专项体能训练中还是要重视有氧耐力训练,将有氧和无氧训练结合起来。

（4）无氧耐力训练

对照组两周进行一次无氧耐力训练,训练方式为篮球场变速跑练习,要求在场地内按正常速度跑,在边线以最大速度冲刺,在端线慢跑恢复,共练习3组,3圈一组,完成一组后间歇3分钟再进行下一组练习。周六下午没有体能训练课,而且这一天训练强度都不大,所以无氧耐力训练和有氧耐力训练一样也安排在这个时间段。无氧糖酵解供能是排球供能的一大特征，运动员要特别重视无氧耐力训练，通过变速跑练习而促进自身无氧糖酵解供能能力的提升和保持。

2. 实验组功能性体能训练

（1）增肌／耐力训练

在功能性体能训练周期的开始阶段安排增肌／耐力训练，主要是为了促进运动员动作模式的规范，促进其肌肉含量和耐力的提升，为之后的大强度训练奠定基础。本阶段训练强度低，练习数量多。训练方案见表7-2。

表 7-2　实验组增肌／耐力训练[①]

序号	动作	负荷	组数	每组次数	组间间歇
1	杠铃深蹲	12 RM	2	12 次	90 秒
2	硬拉	12 RM	2	12 次	90 秒
3	卧推	12 RM	2	12 次	90 秒
4	哑铃俯身划船	12 RM	2	左右各 12 次	90 秒
5	哑铃坐姿推举	12 RM	2	12 次	90 秒
6	二头弯举	12 RM	2	12 次	90 秒
7	三头下拉	12 RM	2	12 次	90 秒
8	斜板负重仰卧起坐	12 RM	2	20 次	90 秒
9	俄罗斯旋转	12 RM	2	20 次	90 秒
10	筋膜松懈练习		1	共 10 个动作	

（2）基础力量训练

基础力量训练主要是为了促进运动员基础力量素质的改善，使重要部位的肌肉力量得到增强。训练模式有两种，一种是将上肢爆发力训练和下肢基础力量训练结合起来进行，安排在周二的体能课中。另一种是将上肢基础力量训练和下肢爆发力训练结合起来，安排在周四体能课中。在训练过程中，主要采取"1组抗阻训练 +1 组超等长训练"的复合训练形式。训练方案见表7-3、表7-4。

---

① 许雷．南京大学女子高水平排球运动员功能性体能训练实证研究 [D].南京大学，2015.

表 7-3　实验组基础力量训练（周二）[1]

序号	动作	负荷	组数	每组次数	组间间歇
1	杠铃深蹲	5 RM 3 RM 1 RM 5 RM 5 RM	5	根据重量而定	180 秒
2	原地高抬腿接 20 米冲刺	自重	5		180 秒
3	半程硬拉	10 RM	3	10 次	180 秒
4	高台跳深	50 厘米	3	10 次	180 秒
5	负重提踵	15 RM	3	15 次	180 秒
6	原地连续纵跳	自重	3	15 次	180 秒
7	连续快速挺举	10 RM	2	10 次	180 秒
8	斜板负重仰卧起坐	20 RM	2	20 次	90 秒
9	俄罗斯旋转	20 RM	2	20 次	90 秒
10	筋膜松懈练习		1	共 10 个动作	

表 7-4　实验组基础力量训练（周四）[2]

序号	动作	负荷	组数	每组次数	组间间歇
1	硬拉	10 RM	3	10 次	180 秒
2	高台跳深	50 厘米	3	10 次	180 秒
3	负重提踵	15 RM	3	15 次	180 秒
4	原地连续纵跳	自重	3	15 次	180 秒
5	卧推	5 RM 3 RM 1 RM 5 RM 5 RM	5	根据重量	180 秒
6	站姿杠铃推举	10 RM	3	10 次	180 秒
7	俯身哑铃划船	10 RM	3	左右各 10 次	180 秒
8	斜板负重仰卧起坐	20 RM	2	20 次	90 秒
9	俄罗斯旋转	20 RM	2	20 次	90 秒
10	筋膜松懈练习		1	共 10 个动作	

[1] 许雷. 南京大学女子高水平排球运动员功能性体能训练实证研究 [D]. 南京大学，2015.
[2] 同上.

（3）力量／爆发力训练

这一阶段主要采用具有项目特点的抗阻训练（爆发力训练，如抓举、杠铃高翻等）和超等长训练方式，使用接近运动员极限重量的训练模式来增强运动员的爆发力。训练方案见表 7-5 和表 7-6。

表 7-5　实验组力量／爆发力训练（周二）[1]

序号	动作	负荷	组数	每组次数	组间间歇
1	杠铃半蹲快起	5 RM	5	5 次	180 秒
2	原地高抬腿接 20 米冲刺	自重	5		180 秒
3	半程硬拉	10 RM	3	10 次	180 秒
4	跳栏架	80 厘米	3	5 次	180 秒
5	负重提踵	15 RM	3	15 次	180 秒
6	原地连续纵跳	自重	3	15 次	180 秒
7	前推健身实心球	5 千克	3	10 次	90 秒
8	头顶前扔健身实也球	5 千克	3	10 次	90 秒
9	侧转扔健身实心球	5 千克	3	左右各 10 次	90 秒
10	斜板负重仰卧起坐	20 RM	3	20 次	90 秒
11	筋膜松懈练习		1	共 10 个动作	

表 7-6　实验组力量／爆发力训练（周四）[2]

序号	动作	负荷	组数	每组次数	组间间歇
1	负重弓箭步	10 RM	3	10 次	180 秒
2	跳栏架	80 厘米	6	5 次	180 秒
3	负重提踵	15 RM	3	15 次	180 秒
4	跳栏架	80 厘米	3	5 次	180 秒
5	原地连续纵跳	自重	3	15 次	180 秒
6	枉铃高翻接挺举	5 RM	3	5 次	180 秒
7	抓举	5 RM	3	5 次	180 秒

---

[1]　许雷．南京大学女子高水平排球运动员功能性体能训练实证研究［D］.南京大学，2015.
[2]　同上.

续表

序号	动作	负荷	组数	每组次数	组间间歇
8	斜板负重仰卧起坐	20 RM	3	20 次	90 秒
9	俄罗斯旋转	20 RM	3	20 次	90 秒
10	筋膜松懈练习		1	共 10 个动作	

3. 训练效果对比

（1）上肢爆发力

采用羽毛球掷远测试来评价上肢爆发力，实验组运动员的测试成绩比对照组的成绩好，表明功能性体能训练方法有效提高了实验组运动员的上肢爆发力。

（2）最大力量

采用 1 RM 深蹲、1 RM 卧推、1 RM 硬拉的方式进行测试，实验组成绩非常可观，说明功能性体能训练方法提高了运动员的最大力量。

（3）弹跳力

采用 Myotest 纵跳测试来评价弹跳能力，实验组和对照组实验结果存在显著差异，实验组的测试成绩更好，说明功能性体能训练方法有效提高了女子排球运动员的弹跳能力。

（4）灵敏性

采用 T 型移动测试进行评价，实验组测试成绩优于对照组，说明通过功能性体能训练方法有效提高了女子排球运动员的灵敏性。

（二）结论

功能性体能训练方法对于提高排球运动员的上肢爆发为、弹跳能力、最大力量、速度能力、灵敏能力等体能素质具有重要意义。因此在日常体能训练中要将功能性训练方法及传统训练方法结合起来，提高训练的全面性。

第二节 运动技战术训练创新与实证研究

一、运动技战术训练方法创新

(一)逆向法

逆向法是指在不改变技术原有基本结构的前提下,使其向不同方向发展,从而创造出新的技战术方法,也就是从现有事物的组成原理、功能特性、结构形态等方面的相反方向引出问题,展开思考的创新方法。针对新的技战术进行训练可实现原有技战术水平和现有技战术水平的共同提高。

(二)递进法

递进法是在不改变原有技战术性质的前提下,使技战术在某个方面发生程度上的递进式变化,从而创造出新的技战术方法。递进创新法的实质是通过对内容的深化与形式的更新,在"难度""新颖"等方面实现程度上的递进发展。所谓"难",是指对原技战术内容的进一步深入拓展,所谓"新"则必须在技战术表现上独辟溪径,出奇制胜。二者互为关联,相辅相成,从而超越原有技战术。

(三)移植法

移植法是指不改变原来的技战术,而把它用于其他技战术动作或运动项目训练中去的方法。例如,把铁饼的旋转投掷法移植到铅球上,从而产生旋转推铅球的新技术。

(四)组合法

组合法是指将两个以上的技战术通过组合使之成为新的技战术的方法。其精髓在于组合要素的选择和组合方式的创新设计。在技战术训练中要善于将相似技术组合在一起进行训练,提高训练效率和效果。

（五）复合法

复合法是把原有技战术复合融汇在一起，从而改变原有技战术的性质，呈现出一种新的技战术的方法。这也是运动技战术训练的重要方法之一。

（六）综合法

综合法是将上述方法综合在一起设计出新的技战术训练方法。在复杂技战术的训练中适合采用综合法，将多种训练方式结合起来以提高训练效果。[①]

二、高校体育训练中技术训练创新实证研究——羽毛球技术训练方法创新实证

王磊在《落点强化练习法对大学生羽毛球运动员后场球技术训练效果的实验研究》一文中运用个案分析和实验研究的方式研究并证实了落点强化练习法对提升羽毛球运动员后场击球技术能力的重要性。下面以此为例来进行实证研究。

（一）实验方案

以长春师范大学羽毛球专选班的两班级为实验对象，其中一个班级运用落点强化练习进行技术训练（实验组），另一个班级采用传统训练方式（对照组）。训练时间为 10 周，每周两次，每次 90 分钟。实验前两个班级的羽毛球技术水平（吊球、后场高远球）没有明显差异。

1. 各组训练方法

（1）对照组

①训练方法设计

运动员在羽毛球场地左区将球回击到前场、中场和后场后，回到原始位置。前场采用吊球的方式将球击入网前区；回击到中场的球要在

---

① 唐智明,闫运运.刍议竞技体育技战术训练之创新[J].山西师大体育学院学报,
2001（02）：68-69.

中区;回击到后场高远的球要在后场区。

②吊球训练方法

因为训练时间的关系,只采用正手吊球的训练方法。

③后场高远球训练方法

采用传统方法进行训练,击出的球高弧线飞行,几乎垂直落到对方底线附近区域内。

(2)实验组

①训练方法设计

主要采用落点强化练习方法,要求运动员在羽毛球场地左区,由右区教练发后场高远球,运动员将球回击到前场、中场和后场后,再回到原始位置。

②吊球训练方法

与对照组相同,只是限制吊球的区域,先按吊直线的方法进行训练,提高吊球的准确性,再进行吊斜线球练习,尽量吊球进入 1 区或 3 区,适当多安排吊球落点训练。

③后场高远球训练方法

与对照组的训练相同,但不仅要求球落入后场区域内,还要落入 7 区或 9 区区域内。

2. 实验后检测

主要测试实验组和对照组吊球落点的正确率、后场高远球落点的正确率以及技术衔接能力,进行组间比较。

(1)吊球准确性对比

结果见表 7-7。

表 7-7　吊球准确性的对比结果 [①]

	吊球(20 次)	P
实验组	17 ± 2.1	< 0.05
对照组	14 ± 1.4	

① 王磊 . 落点强化练习法对大学生羽毛球运动员后场球技术训练效果的实验研究 [J]. 吉林省教育学院学报,2017,33(10):171-173.

（2）后场高远球准确性对比

结果见表 7-8。

表 7-8　后场高远球准确性的对比结果[①]

	后场高远球（20 次）	P
实验组	18 ± 2.4	< 0.05
对照组	14 ± 3.2	

（3）技术衔接能力比较

按照技术衔接的好坏用 1—10 分进行评分。经检验，实验后两组运动员的技术衔接能力有显著差异，实验组运动员更好一些。

（二）结　论

实验前，实验组与对照组的运动员在吊球、后场高远球、杀球等后场击球技术方面以及技术衔接能力方面都没有显著差异，实验后，这些能力具有显著性差异，实验组不管是单项技术能力还是技术衔接能力，总体上比对照组强。说明落地强化练习法在提高羽毛球运动员后场击球技术能力方面起到了重要作用。

三、高校运动战术训练创新实证研究——足球战术训练方法创新实证

司霄在《高校高水平足球队战术训练方案的设计与运用效果研究》一文中运用个案分析和实验研究的方式研究并证实了战术训练创新对提升足球队战术水平的重要性。下面以此为例进行实证研究。

（一）实验方案

选取参加全国大学生运动会山东代表队集训的 30 人作为研究对象，实验组与对照组各 15 人。作者提出一种新的战术训练方案，通过实验来分析新方案对运动员战术水平的影响。两个组在实验前的技战术水平相当。

---

① 王磊.落点强化练习法对大学生羽毛球运动员后场球技术训练效果的实验研究 [J].吉林省教育学院学报，2017，33（10）：171-173.

1．各组训练方法

（1）对照组传统训练方案

对照组采用传统方案进行训练，传统方案中规中矩，缺乏个性化、针对性、创新性，与比赛结合不紧密，训练方式单一，没有根据不同位置球员的特点进行针对性训练。

（2）实验组战术打法新方案

①进攻战术

在足球比赛中，运动员要根据战况而选择恰当的个人进攻战术，赛场形势不同，选取的战术也有差异。例如，面对一攻一的形势，进攻队员或拉开传球进攻，或持球进攻，选择不同的战术就要遵循不同的要求。教练员从这种常见比赛形势出发对训练内容进行设计，如果选择持球进攻打法，那么就主要进行控球训练、运球射门训练和假动作训练；如果选择拉开传球进攻打法，那么就主要进行拉开传球训练、假动作训练，并创造情境让运动员掌握恰当的传球时机。如果是一对多的形势，那么将进攻时机选择、进攻掩护球、运球等作为个人进攻战术训练的主要内容。

②防守战术

在个人防守战术训练中，对有利时机和空间的创造与选择是训练的首要内容，同时还要重视训练运动员的观察力和随机反应能力。个人防守训练的主题内容要根据防守行为的顺序而确定，方案见表7-8。训练方案确定后，要根据比赛需要和运动员实际情况的变化而不断调整与完善，要对不同的比赛情境予以考虑，提高方案的可操作性和针对性。

表7-9　个人防守战术训练要点 [①]

序号	训练主题	操作要点
1	选位	首先抢断球，其次减缓对方进攻
2	选择时机	逼迫对方进攻球员远离自身球队球门
3	选择防守角度	选择正确角度进入防守位置
4	选择防守距离	预见球的动向，封堵传球与射门
5	选择防守逼迫速度	集中球的运动

---

① 司霄.高校高水平足球队战术训练方案的设计与运用效果研究[D].山东大学，2018.

序号	训练主题	操作要点
6	攻击球时机选择	持续观察进攻方向
7	抢断球时机选择	逼迫对方队员转向其弱侧

2. 实验后测试

测试内容与结果见表 7-10。从表中的测试结果来看，实验组成员的跑动距离比对照组成员多，反映了实验组运动员更为机动灵活，有良好的速度素质和耐力素质。从进入对方禁区的测试结果来看，实验组成员的成绩更好一些，这是实验组运动员攻击性强的反映，说明个人进攻训练方案取得了良好的效果。实验组运动员不仅进攻能力强，防守能力也很可观，这从被侵犯的测试数据中能够反映出来。总之，在攻守对抗激烈的比赛中，实验组的综合技能水平更高一些。实验组参照新的训练方案进行战术训练，不仅提高了战术能力，也提高了技术能力和整体比赛能力。

表 7-10　实验组与对照组战术打法测试结果 [1]

类型	左边后卫		右边后卫		左中卫		右中卫	
	实验组	对照组	实验组	对照组	实验组	对照组	实验组	对照组
射门次数	2	1	1	1	2	1	1	0
进攻次数	5	3	7	3	3	2	4	1
触球次数	45	36	48	45	70	68	52	43
传球次数	61	23	87	45	93	40	57	49
传球成功次数	57	19	81	40	89	37	51	42
传球成功率	93%	83%	93%	89%	96%	92%	89%	86%

---

[1]　司霄.高校高水平足球队战术训练方案的设计与运用效果研究[D].山东大学，2018.

续表

类型	左边后卫		右边后卫		左中卫		右中卫	
	实验组	对照组	实验组	对照组	实验组	对照组	实验组	对照组
跑动距离（千米）	10.82	9.84	10.77	10.45	10.87	9.68	9.16	9.64
犯规	0	0	0	1	0	0	0	0
被侵犯	0	1	0	0	0	0	0	0
进入对方禁区次数	1	0	1	0	0	0	1	0

（二）结论与建议

1. 结论

实验组采用新的战术训练方案后，足球运动员的个人战术水平得到了显著提高，主要表现为传球成功率提升，跑动更灵活，反应更快速，射门次数增加，防止对方侵犯的警惕性和能力也得到了提升。

2. 建议

通过实验验证充分说明了足球战术训练方案创新的重要性，这给高校体育训练中战术能力的训练带来如下启示。

（1）对运动员训练的反馈控制体系予以建立，对运动员训练中的战术偏差及时予以修正。

（2）设计并不断完善模型控制策略，对个性化战术训练方案进行设计。

（3）在战术训练中加强心理稳定性训练，促进战术方案的稳定实施，取得预期的战术效果。

（4）加强训练监控，对训练过程中的有效信息及时加以反馈。

第三节　运动心理训练创新与实证研究

一、运动心理训练常见方法

(一)肌肉放松法

这是缓解不良运动情绪如紧张、过于激动等的有效方法,通过肌肉放松不仅可以平复情绪,还能促进睡眠质量的提升,消除肌肉疲劳,稳定心理,提升身心健康水平。

(二)动机激发法

运动员在训练和比赛中的良好表现都离不开正确动机的内在驱动。在运动训练和比赛前采用动机激发的方法来调节运动员的心理,将正确的观念传输给运动员,如顽强拼搏、为国争光、集体荣誉、勇者必胜等,使运动员的注意力高度指向正确的方向和理想目标上。此外,也要让运动员正确对待成败,在训练和比赛中只要拼尽全力,要尽可能将自己的长处发挥出来,没有遗憾就好。

(三)呼吸调整法

调整呼吸是为了稳定心理状态,提高心理稳定性,吸气时肌肉紧张,呼气时肌肉放松,肌肉张弛对心理状态的调整具有重要影响,能够使运动员克服不良情绪,平复内心,以积极稳定的心理状态去参加训练和比赛,发挥自己的最好水平。

(四)游戏转移法

这是一种转移注意力的趣味心理训练方法,如果运动员在训练或比赛前异常紧张、焦虑、烦躁不安,可以用一些生动有趣的游戏来转移运动员的注意力,使其摆脱紧张心理,进入一种放松状态,保持情绪和身心放松。在设计这类游戏时,要提出游戏规则、要求和注意事项,使运动员认真参与,从思想、心理及身体上进入一种新的模式,从而释放不良情绪,调动积极性,以良好的心态参与正式训练或比赛。

二、高校体育训练中运动心理训练创新实证研究——集体运动项目团体心理训练创新实证

凝聚力是集体性体育运动中非常重要的一个组成部分。一个运动队的凝聚力直接影响团队整体比赛能力的发挥。如果运动队中每个运动员都有自己的特长和优势,每名队员的竞技能力都很强,但缺乏团结合作的精神和强烈的集体认同感及凝聚力,那么这样的队伍是难以在比赛中取得好成绩的。相反,如果团队成员默契配合,取长补短,为同一个目标而紧紧团结在一起,将各自的力量与智慧凝聚成集体的大智慧和强大力量,那么在比赛中将会给对手造成很大的威胁。

我国高校体育运动队的凝聚力水平和专业运动队相比还有一定的差距,需要加强心理训练来提升团体凝聚力,而团体心理训练是提升运动员和运动队团体凝聚力及集体战斗力的重要方法。张艳茹在《团体心理训练对提高高校集体运动项目群体凝聚力的实验研究》一文中运用个案分析和实验研究的方式研究并证实了这一点。下面以此为例进行实证分析。

（一）实验方案

选取华北科技学院男子/女子篮球队队员各16人、男子/女子排球队队员各16人作为研究对象(共64人)。将各代表队分别分为实验组和对照组,每组8人(共4个实验组、4个对照组)。实验前实验组和对照组的凝聚力各维度(任务吸引、社交吸引、任务一致性、社交一致性)没有明显差异。

实验过程中,对照组进行一般心理训练,实验组在一般心理训练的基础上进行团体心理训练,包括“团体心理游戏训练”和“团体沙盘游戏”,为期8周。

团体心理游戏训练由一位或两位指导员主持,多名团体成员共同参加。指导员设定训练主题,将成员分为课题小组,通过游戏、讨论、分享和引导,解决成员共同的发展课题。通过多次团体活动,使团体成员相互交流、探讨,彼此启发,互相支持,鼓励分享,使成员了解自己和他人

的心理,以改善人际关系,提升社会适应性,促进人格发展。

沙盘游戏是一种能够触动来访者心灵深处的浅言语层面非语言的治疗手段。团体沙盘游戏在团体中使用沙盘并借助沙盘游戏促进自我探索与解决问题,实质上是团体心理咨询的特殊形式。它为成员之间提供了交流互动的机会与平台,利用众多同质性的个体组成特殊的社会情境。在这样的情境中,不同问题、背景与人格特质的成员分别从各自的视角进行多角度分析,在信任、支持、接纳和分享的民主氛围中提升个体对团体的归属感,发掘个人的心理潜能,增进彼此的情感融合。

为期 8 周的团队心理训练方案见表 7-11。

图 7-11　实验组团队心理训练方案[①]

周数	团体沙盘游戏	团体心理游戏
第一周	初始沙盘:来访者选择沙箱→在指导者的引导下体验沙子传递的感受→来访者根据自己的意愿自发制作沙盘作品→指导者与来访者欣赏、体验、理解沙盘作品→指导者记录作品	目标:促进不同实验组成员间的相识,发展友好互动的关系,营造良好的团体气氛 内容: ①"知你知我" ②"组徽大比武" ③"齐心协力" ④总结,分享
第二周		目标:活跃团体气氛,促进成员在团体中的分享 内容: ①热身活动:拍手游戏 ②"无家可归" ③"解开千千结" ④"同舟共济" ⑤总结,分享
第三周	第二次团体心理沙盘游戏:操作同第一次相同	目标:感受团体目标,强化团体规范,体会责任与信任 内容: ①"勇于承担责任" ②"信任跌倒" ③"信任圈" ④总结,分享

---

① 张艳茹. 团体心理训练对提高高校集体运动项目群体凝聚力的实验研究[D].
北京体育大学,2011.

续表

周数	团体沙盘游戏	团体心理游戏
第四周		目标：体会沟通在团体中的作用 内容： ①"悄悄话" ②心理案例分享"落单的鸟儿有苦恼" ③"戴高帽" ④总结，分享
第五周	第三次团体心理沙盘游戏：操作同第一次	目标：促进自我认识，发掘如何更好地融入团体 内容： ①欣赏"渺小" ②心理案例分析"透过欣赏和接纳的镜子看世界" ③"个我是谁" ④"天生我才" ⑤总结，分享
第六周		目标：明确个人目标，增进与团体的融合 内容： ①心理案例分析"走出迷失的自我" ②"我的五样" ③"洞口余生" ④总结，分享
第七周	第四次团体心理沙盘游戏：操作同第一次	目标：暴露冲突，用公开处理的方式来提升凝聚力 内容： ①欣赏"感受幸福" ②情景模仿"运动队里的故事" ③"你的问题我来解" ④总结，分享
第八周		目标：增加团体吸引力，增强凝聚力 内容： ①"信任之旅" ②"真情告白" ③"大团圆" ④总结，分享

（二）结论与建议

实验后对各组凝聚力进行测验，结果表明，实验组运动员的凝聚力较实验前明显有了提升，而对照组的凝聚力在实验前后没有明显变化，这充分表明了实施团体心理训练对提升团队的凝聚力具有积极影响。

第八章 高校体育教学训练水平提升的科学保障策略

高校体育教学训练水平的提升需要各方面的资源做保障,其中,教学师资、教学训练安全和教学质量保障都是非常重要的内容。只有构建一个科学、合理的保障体系才能促进高校体育教学训练水平的提升。本章就针对以上内容做重点的研究与分析。

第一节 师资保障

在高校中存在一般的体育教学,同时也存在高水平运动队,这两个方面都需要具备良好的师资力量。本节就重点针对体育教师和教练员的培养展开具体的研究与分析。

一、体育教师培养

（一）体育教师的职前培养

1. 加强体育教师综合能力的培养

一般来说,高校体育教师应具备良好的思想品德,拥有良好的身心素质,并且在文化知识能力、教学能力、科研能力、创新能力等方面达到专业要求,因此要加强对高校体育教师综合能力的培养,在培养效果的评价中,将各部分能力均作为重要考察指标,切实提高未来体育教师的综合素养。为达到这一目标,要制订科学的体育教师人才培养方案,设置丰富而专业的培养课程,不断提高体育教师培养的质量和效果,建立一支高素质的体育教师队伍。

2.加强体育课程建设

为促进体育教师能力,加强体育课程的建设具体要符合以下三个"统一"。

（1）基础性和前沿性的统一

为培养体育教师而设置的专业课程中,最根本的课程内容是专业基础知识,而最能体现课程时代性的是学科前沿知识。设置课程内容时,专业基础知识和基本技能必须要务实,在此基础上与时俱进,结合专业知识而提出前沿性学科问题,满足基础性和前沿性有机统一的要求。

一方面,体育教育专业研究生学习的专业理论知识应该是全面而广泛的,要将这些知识牢牢掌握,要清楚而深入地理解体育的发展史,体育重要理论等,从而为学习具体项目的专业知识奠定良好的基础。

另一方面,体育教育专业要紧跟时代发展的潮流,了解社会发展对体育教育人才的需求,从而不断更新课程内容,补充具有前沿性的学科科研成果,与时俱进,促进体育教育专业学生思维的拓展,培养高层次的体育教育人才。这也是我国体育教育事业与时俱进、走向时代发展前沿的要求。

（2）理论性和实践性的统一

高校体育教育专业设置研究生课程时,要对社会的实际需求进行考虑,突出课程的应用性和实践性,不能过分强调课程的理论性而忽视了对体育教育专业研究生教学技能的培养。要适当增加实践类、应用类课程的比例,使学生既要掌握理论,也要掌握方法,同时要给学生创造实践机会,使其在适宜的场合将所学知识和技能运用到实践中,在实践中对他们解决问题的能力进行培养。实习课给学生提供了体验教师角色的机会,使学生提前感受将来成为体育教师后给学生讲课的心情,通过转变角色来培养学生的实践教学能力,使学生熟练专业教学技能,为将来成功就业打好基础。

（3）整体性和层级性的统一

面向体育教育专业研究生设置课程及完善课程体系时,要遵守体育教育人才的培养理念,考虑研究生未来职业需要,突出课程的专业性、整体性以及层级性。高校不能因为教学条件有限而随意缩减课程,要尽可能创造条件去设置与实施完整的课程。在完整的基础上追求层次性,解决不同课程之间层级不清晰、界限模糊的问题。要保证课程的完整性与层级性,就要循序渐进地设置本科课程、硕士课程和博士课程,理顺三类课程之间的内在联系,把握好各类课程的独特性,避免不同层级课程的重复,各级课程的教学内容应该是逐渐拓展和延伸的,要不断扩大课程的广度与深度,同时又不失专业性和实用性。

3.注重能力考评

高校体育教育专业在培养篮球师资的过程中,还要重视定期对培养对象进行能力考核,重点考核教学能力、运用信息技术的能力等,通过考核发现问题,了解哪方面的专业能力或基础知识还比较欠缺,从而及时弥补与完善,逐步增加专业知识储备,提升专业教学技能水平,实现全面发展,提高篮球师资培养的效果。

(二)体育教师的在职培训

1.培训内容

一般来说,高校体育教师的培训内容主要以体育教师应该具备的素质和能力为主。将教师基本素质与能力作为主要培训内容,能够有效提升体育教师的综合素养,提高其教学能力。具体来说,高校体育教师应该具备以下几方面的能力。

(1)教学能力

体育教师的教学能力表现在很多方面,其中运用教材教法是最为基础的一种能力。体育教师在教学过程中要对教学大纲有准确的把握,要学会合理地处理教材,并能依据大纲合理地选择教学方法,从而提高课堂教学效果。在体育教学方法中,讲解和示范是最基本的方法,体育教师要具备良好的讲解与示范能力,这样才能抓住学生的兴趣点,促使学生以积极饱满的精神投入学习之中。

(2)业余训练能力

在学校体育教学中,体育教师的主要职责与任务是组织与实施教学工作,但如果学校没有配备专门的教练员,其就要担任教练员的角色。对于一般的体育教师或教练员而言,需要具备一定的训练能力,有较好的执训素养。具体要求是专业技术过硬,运动训练学、运动保健学等相关学科知识掌握扎实,能设计科学合理的训练计划和方案,能组织和管理好运动队。

（3）思想品德教育能力

体育教师要具备所有教师岗位从业者都应具备的职业道德素养，如为人师表、教书育人、爱生敬业等，体育教师只有自己先具备了良好的道德素质，才能在体育教学中对学生进行思想品德教育，才能通过自己的一言一行去积极影响学生，起到言传身教的表率作用。体育教师在教学过程中要以理育人，以情感人，这样才能赢得学生的尊敬与信任，成为学生学习的榜样。

（4）运用现代信息工具的能力

如今，各种信息技术手段被大量地运用到学校教育中，体育教学中以计算机网络为基础的现代化教学手段的运用十分频繁，这就对体育教师的信息素养和信息化教学能力提出了一定的要求。体育教师要与时俱进，不断学习与掌握先进的信息化教学手段，能够熟练操作计算机，尤其是常用的教学软件，这样才能有效提高体育教学效率，促进体育教学质量的提高。

（5）科研创新能力

科研创新也是体育教师应具备的一项重要能力。如今，培养科研型教师成为各大培养单位的重要任务。高校体育教师要具备良好的科研能力，充分掌握科研方法和技巧，及时学习科研成果，这有助于体育教师以科学严谨的态度去审视体育教学问题，用科学的方法去解决教学问题，提高教学的科学性，促进高校体育教学的快速发展。

2.培训形式

针对高校体育教师的培训，可以采取以下途径。

（1）教研活动

高校体育教研室在培训体育教师方面发挥着重要作用，一般通过开展形式多样的教研活动来进行培训，常见形式如下。

①集体备课。

②观摩教学。

③专题讨论。

④组织教学研究课。

⑤举办经验交流会。

⑥召开公开评议会等。

（2）科研活动

有计划地组织体育教师进行调查研究,并结合篮球教学、篮球课外活动、篮球训练、篮球比赛等实际情况开展科学研究,定期或不定期地举行学术交流会、学术研讨会。

（3）自学

自学和继续教育是体育教师培训、进修的基本途径。体育教师要从自己的实际情况和专业需要出发制订自修和继续教育计划,从而有效提高自己的专业素养。

（4）专题讲座

结合高校篮球教学改革的实际情况,邀请有经验、有成效的优秀体育教师或学者、专家进行专题讲座或经验介绍。这一培训形式必须紧密结合实践,灵活采用。

（5）短期培训

高校根据实际需要而聘请专家或知名教师对体育教师进行短期培训。这是提高体育教师业务能力的重要方法。[①]

二、教练员培养

（一）教练员的基本素质

在体育运动训练活动中,教练员是训练活动的组织者和领导者,其素质水平在很大程度上决定着训练工作的质量和效果。一般情况下,教练员应具备两个方面的素质,即思想品德素质和运动专业素质。

1.品德素质

（1）政治思想素质

政治思想素质主要是指教练员能正确认识和理解党和国家的体育方针政策,明确社会主义市场经济条件下竞技体育和学校体育的功能,具有为社会主义体育事业服务和献身的良好道德品质。

（2）职业道德素质

职业道德主要是指教练员在训练和培养运动员过程中必须遵循的

---

① 王家宏等 .21 世纪体育教育人才培养的研究 [M]. 北京：北京体育大学出版社,
2007.

行为准则和规范。教练员的职业道德会对运动员起到重要的教育和调节作用。教练员应具备下列职业道德：热爱祖国，献身篮球事业；以身作则，严于律己；团结协作，公平竞争；勇于创新，开拓进取。

2. 专业素质

（1）运动专项素质

作为一名合格的教练员，要应具备良好的运动专项素质，要有良好的技战术能力，不仅要理解技战术的内涵、特征，还要掌握技战术的发展趋势，在实战中熟练运用技战术，并具有一定的创新能力。

（2）知识素质

一般来说，教练员的知识素质水平在一定程度上反映了其智力水平，良好的智力是教练员在运动训练工作中认识问题和解决问题的基本条件。教练员不仅要掌握专项运动的基本知识，还要掌握教育学、心理学、训练学以及运动人体科学等相关学科知识，在储备知识的基础上要有灵活运用知识的能力。所以说知识素质不仅包括知识，还包括能力素质。教练员要不断提高自己的文化水平，积极开拓思维，提高审美素养，掌握创新知识和技能，积累经验，丰富阅历，从而促进运动员健康发展。

（3）心理素质

大量的实践表明，教练员的心理素质也会对运动队或运动员产生重要影响。教练员的心理素质越好，运动队的向心力就越强，运动员在训练和比赛中的发挥更稳定、扎实。反之，如果教练员心理素质差，存在明显的性格缺陷，情绪易激动，意志不坚定，那么在临场指挥中很难带领队伍取得好成绩，这对于运动队或运动员的发展都是十分不利的。

（4）能力素质

一般来说，教练员的能力素质包括三个层级，各层级包含的能力要素不同，且发挥的作用也不同，具体见表 8-1。

表 8-1 教练员的能力素质结构①

三个层次	具体内容	作用
基础层次	自学能力	学习和掌握运动训练相关信息
	观察能力	
	感知能力	
	理解能力	

① 仇慧.高校篮球教程 [M].哈尔滨：哈尔滨工业大学出版社，2006.

续表

三个层次	具体内容	作用
中间层次	想象能力	运用思维来筛选、加工和组合从外界获取的训练知识、信息
	判断能力	
	科研能力	
	综合能力等	
最高层次	表达能力	运用信息和知识指导训练实践,解决训练问题
	组织能力	
	操作能力	
	创造能力等	

（二）教练员的培养途径

伴随着现代体育运动的快速发展,时代对从业人员的综合素质提出了越来越高的要求,作为一名教练员,必须要在文化知识、业务素养、科技创新、科学研究等方面都达到一定的水平,这也是培养教练员的要求和目标。下面具体分析培养高校教练员的主要途径。

1. 院校培训

院校培训可以发挥体育院校科研、设备和人才的优势,同时结合多种形式的学习和深造手段来有效培养篮球教练员。一般来说,院校培训主要有以下几种形式。

（1）全日制学习

以退役优秀运动员或有培养前途的青年教练员为对象,参加体育院校研究生学位班的学习,提高培养对象的知识素质。

（2）单科学习

采取单科结业的学分制,修满学时数,考试合格,就可以获得学分,待修完研究生的学分,再发放学习证明。

（3）岗位培训

岗位培训也是教练员培训的一个非常重要的途径。这一培训形式主要是从教练员队伍的实际出发,结合高校运动训练与竞赛的实际,强调培训的针对性、实用性,贯彻学用结合、按需施教,注重教学训练、竞赛指挥、队伍管理和职业道德等素质的培训。这一培训形式非常重要。

2. 岗位实践

通过院校培训的教练员，最终要在教练员岗位上发挥自己的才能，通过岗位实践也能有效提高教练员的素质，具体可以采取以下几种方式。

（1）自学

积累自身和他人在运动训练和比赛中的经验，总结教训，突出重点，实事求是，发现问题的实质，得出正确结论，这样才对下次的实践活动有价值。

（2）在实践中学习

教练员要重视岗位实践，在实践中学习和应用相关知识，解决问题，提高自身的实践能力。

（3）出国留学

对于有培养前途的年轻教练员，可选送去体育强国进行培训，使教练员了解先进国家的运动训练理论，学习成熟的运动训练和管理方法，这对于我国体育事业的发展具有重要的意义和作用。

第二节　安全保障

一、注重营养的补充

（一）人体所需的营养素

在体育教学或运动训练活动中，为保证各种活动的顺利进行，人体都需要各种营养素的摄入，如此才能满足运动机体的需求。运动员在参加足球运动训练的过程中，一定要注意营养摄取的全面性，不全面的营养摄入会影响身体的健康发育，不利于运动锻炼的顺利进行。

在高校中，不论是普通学生还是高水平运动员，都需要注意以下几种营养素的补充。

1. 水

水可以说是维持人体生命活动的重要物质，人体的生命活动离不开水的参与。在人体各种营养素中，水的含量是最多的，约占人体体重

2/3，由此可见水占据着十分重要的地位。水的缺乏会导致人体各种生理功能受限，不利于人体的健康发展。水对于人体的主要作用在于参与人体代谢过程、促进腺体分泌正常以及调节体温，另外水对人体还有其他方面的作用，在此不做赘述。

人体中的水主要来自摄入的食物和饮料。对于一个正常的成年人来说，每天基本的水摄入量为 2000—2500 毫升。对于经常参加运动训练的运动员而言，一定要注意水分的摄入，以维持机体的需要。

2. 糖类

糖类主要有单糖、双糖和多糖之分。其中，单糖主要有葡萄糖和半乳糖，双糖有乳糖、蔗糖和麦芽糖，多糖则有淀粉、糖原和果胶。

总体来看，糖类的功能主要体现在以下几个方面。

第一，糖类是一种重要的维持机体正常运转的能量供应物质。

第二，糖类易于被人体所吸收和利用，为人体提供重要的能量。

第三，糖类是构成人体细胞和神经的重要物质，在人体各类营养素中占据着十分重要的地位。

人们在平时的生活中可以通过各种食物来获取糖类，如米、面、水果、牛奶等，日常的饮食一般都能满足机体对糖的需求。

3. 脂肪

脂肪主要由碳、氢和氧等元素构成。一般来说，脂肪主要具有以下几个方面的功能。

第一，脂肪能帮助人们更好地维持正常的体温。

第二，脂肪能很好地保护人体内脏器官不受破坏。

第三，脂肪是构成人体细胞的重要成分。

脂肪主要来源于肉类、蛋黄、花生等食物中，日常的饮食一般就能满足机体对脂肪的需求。

4. 蛋白质

蛋白质主要由氧、碳、氢和氮等元素构成，它有完全蛋白质、不完全蛋白质和半完全蛋白质之分。蛋白质主要有以下几个方面的功能。

第一，蛋白质是构成人体细胞的重要物质。

第二，蛋白质能在一定程度上修复人体受损的细胞。

第三，蛋白质能为人体提供所必需的能量。

第四,蛋白质能产生抗体,使人体产生极大的抵抗力。

人们可以从蛋、豆、肉等食物中获取足量的蛋白质,一般都能维持人们日常生活和运动锻炼的需要。

5. 矿物质

矿物质主要包括常量元素和微量元素两种。其中常量元素主要有钙、钠、磷、镁、氯、钾等,微量元素主要有铁、锌、碘、铜、硒等。虽然矿物质在人体中的含量并不高,但也是不可或缺的,缺少了任何一种微量元素,人体健康都会受到一定的影响。

总体而言,矿物质具有以下几个重要的营养功能。

第一,矿物质是构成人体组织的重要成分。

第二,矿物质能在一定程度上维持人体的酸碱平衡。

第三,矿物质是一种重要的辅助物质。

可以说,矿物质广泛存在于我们日常所食用的各类食物中,如乳制品中含有大量的钙;动物内脏中含有大量的铁和锌。一般情况下,日常饮食就能满足机体对各种矿物质的需求,不需要进行额外的补充。

6. 维生素

维生素也是人体所需的一种重要营养素。根据维生素的可溶性可将其分为水溶性维生素和脂溶性维生素两大类。水溶性维生素主要有维生素 C 族和维生素 B 族等,脂溶性维生素主要包括维生素 A、维生素 D、维生素 E 和维生素 K 等几类。具体而言,各类维生素的营养功能如下所述。

维生素 A:健齿、健骨、促进人体对营养物质的消化等作用。

维生素 B_1:促进能量代谢及糖代谢生成 ATP 等作用。

维生素 B_2:预防脚气病以及缓解口腔溃疡等作用。

维生素 C:抗氧化、缓解机体疲劳等作用。

我们平时所食用的蔬菜、水果中等都含有大量的维生素,食用大量的蔬菜和水果通常能获得足量的维生素,以满足机体所需。

(二)运动训练中的营养补充

1. 水

人体在长时间的运动后,机体难免会消耗大量的水分,如果不及时补充水分,机体就会因为缺水而丧失运动能力,由此可见补水十分重要。在水的补充方面人们普遍存在一个误区,即认为只有当感到口渴的时候才认为需要补水。实际上,一旦人体感到口渴的时候,就代表其身体已经丢失了 3% 的水,此时的机体就处于轻度脱水的状态之中。身体脱水会给人们带来很多生理上的阻碍,不仅如此还会严重影响人体的运动能力。由此可见,运动中及时补充水分非常重要。

（1）运动前补水

运动前补水的主要目的在于预防人体出现脱水现象。一般情况下,运动前的补水应以少量多次为原则,在运动开始前 2 小时补充 0.4—0.6 升的水,运动员在运动前也可以选择一些运动型饮料进行补水,也能取得不错的补水效果。

（2）运动中补水

运动员进行长时间的运动训练,机体会大量的排汗,在这样的情况下,水分会大量丢失,此时补水能维持体内水的含量,保证机体所需。一般情况下,运动中的补水量以排汗量为依据确定,一般情况下,运动中补水的总量要在失水量的 50%—70%,可以选择合适的运动型功能饮料补水。

（3）运动后补水

与运动前和运动中一样,运动后的补水同样非常重要。运动后补水这一形式能在一定程度上补充身体欠缺的那部分的水,从而使运动机体获得充足的能量。运动后所补的水应是有一定含糖量的饮料,这能有效地恢复运动机体的血容量,同时要尽可能地避免补充碳酸饮料。需要注意的是,运动训练的初始阶段,要适当地增加蛋白质。这是因为此阶段中运动机体会出现更多细胞损伤的情况,此时补充蛋白质有助于对受损细胞的快速修复。

2. 维生素

维生素对于人体营养素的补充也是十分重要的。人体内所需的维生素需要通过食物摄入。经常参加运动训练的运动员更应该注重维生素的补充,维生素的补充要及时、全面和适量,有利于机体顺利参加运动训练和比赛。在具体的补充时,要依据运动员的个人实际进行,补充要具有针对性。

另外,在运动训练的过程中,运动者要依据运动的强度和频率适当地补充蛋白质。不同的运动强度和运动频率对体内的蛋白质消耗有着不同的程度,此时对蛋白质的补充要与运动强度和频率成正比。

需要注意的是,蛋白质的补充要能维持体内蛋白质的"正平衡"状态,即补充的蛋白质量多于消耗的蛋白质量。除此之外,蛋白质的补充量还要以体力活动的强度为依据进行适量增减。例如,当进行力量、耐力等强度较大的锻炼时,对其蛋白质的补充应达到每日总能量摄入的15%—18%,如果是强度稍小的其他形式的训练,则补充量应达到每日总能量摄入的14%—16%。总之,蛋白质的补充要根据具体的实际进行,不能盲目补充,否则容易带来不必要的麻烦。

二、促进运动疲劳的恢复

(一)运动疲劳的概念

无论身体疲劳还是精神疲劳,都是大脑皮质的保护作用。当内环境发生变化促进大脑发出保护性抑制,中枢神经系统工作能力逐步降低。当肌肉活动达到一定程度之后,随着能源物质的耗竭、血液中代谢物堆积、内环境稳定性失调等因素会引起疲劳产生。因此,疲劳其实是生命体根据内外环境的适应情况所作出的一种生理性防御,防止机体的精神或者躯体因过渡工作而受到伤害。而运动疲劳是指人体随着运动的进行,人体的运动能源消耗越来越多,这时候机体会出现运动能力、身体功能均逐渐出现暂时性下降的生理现象。只要经过合理的休息,运动疲劳对人体并不会造成损害,它只是提醒人体防止过度运动而伤害健康的一种保护机制。

一般来说,运动疲劳的表现大致包括以下几个方面。

(1)体征表现。面色苍白、眩晕、肌肉抽搐、呼吸困难、口干舌燥、声音嘶哑、腰酸腿痛等。

(2)精神状态。例如精神恍惚、感到疲倦、无力感、无精打采、情绪低落、缺乏热情、困倦、反应慢、会犯比较简单或者低级的差错等。

（二）运动疲劳的判定

1. 自我感觉

自我感觉是判断运动性疲劳的第一道防线,比如运动员感到疲倦,主观上要求休息。当运动员的运动积极性下降,并且伴随着呼吸紊乱、口干舌燥、心悸、恶心、乏力、动作迟钝或者僵硬、脚步沉重、肌肉痉挛或疼痛、食欲不振、睡眠不好等症状时,说明机体已处于疲劳状态。由于运动项目的不同、运动员自身的身体状况不同,因此运动性疲劳产生的原因也各有不同,运动员的自我感觉也各不相同。运动者可以通过自我感觉来判断机体是否疲劳。

2. 物理检查

通过检测运动员运动训练后身体的各项反应来对疲劳程度进行判断,比如眼神无光、表情淡漠、连打哈欠、反应迟钝、动作的准确性与协调性均表现出明显地域正常水平等。这些是在体征上表现出了疲劳的现象,然后需要结合相应的身体指标检查,来准确地判断运动员的疲劳程度。比如血压下降、体温升高、心率加快等。

经过调查和研究,通常将运动性疲劳的检查分为以下三种类型。

（1）形体疲劳

形体疲劳是指肌肉、肌腱和韧带、骨和关节的疲劳。主要表现为肌肉酸痛、肌肉僵硬,肌腱、韧带和肌肉压痛广泛,动作不协调,脉搏多弦。关节处的肌腱、韧带和骨疼痛,有压痛,或者微肿等。

（2）脏腑疲劳

脏腑疲劳主要发生在大负荷运动训练或比赛后,机体的脏腑功能表现为明显的失调和下降。最常见的有脾胃功能失调、积食阻滞、腹胀、厌食、口淡无味、面色苍白、气短懒言、头晕目眩、舌淡脉弱、心悸腰酸、神疲乏力。女性还会出现月经失调等。

（3）神志疲劳

神志疲劳主要表现在精神和情志方面的改变。疲劳表现为失眠、精神不振、困倦等。

3. 心理学指标

由于影响心理疲劳产生的因素有很多,目前并没有心理疲劳的公认概念。本书比较认同的是北京体育大学刘方琳等人对心理疲劳的阐释，他们将心理疲劳分为两类，即"真性心理疲劳"和"假性心理疲劳"。该观点认为"真性心理疲劳"是由于过度训练引起的生理疲劳而出现的，是心理上的疲劳感和无力感。"假性心理疲劳"则是由生理疲劳以外的其他因素引起的，包括常规训练竞赛因素和常规训练竞赛以外的因素。心理学研究表明，心理疲劳主要是由于长期的精神压力、反复的心理刺激以及恶劣的情绪作用而逐渐形成的。

通过分析运动性心理疲劳的表现症状，选择比较灵敏、客观的指标，对运动性心理疲劳进行科学合理的判定，可以更好地指导运动训练和比赛。目前，评定心理疲劳的方法有很多，比较常见的分为三类：观察评定、主观感觉评定和客观指标评定。

（1）观察评定

指在训练过程中，教练员通过观察运动员的运动表现，从而安排和调整训练内容以及训练负荷，从而对运动员的心理性疲劳做出调整。比如，当运动员在训练中表现得反应迟钝、注意力涣散、精神恍惚、情绪烦躁、易怒、沮丧、肌肉松弛、动作懒怠不活泼，均可以初步判断为心理疲劳。观察评定是一种在实践中比较容易操作的方法，但是它的缺点是不够客观和准确，还需要结合其他方法一起使用。

（2）主观感受

主观体力感觉等级是瑞典心理学家 Borg 于 20 世纪 70 年代创立的一种评价心理疲劳程度的方法，是根据运动时的中枢疲劳和外周疲劳信号综合制订的。主观体力感觉等级表现形式是心理的，而反映的却是生理机能的变化，在训练实践中具有一定的辅助作用。

（3）客观指标

通过测定大脑皮层的兴奋和抑制功能，分析人的感觉、注意力、思维活跃度、个性差别等各种心理活动。还有研究指出脑电的波形可以较明显地反映出心理疲劳时人体反应迟钝、判断失误、注意力不集中、厌倦训练等，有时还伴有神经系统的症状。

无论采用哪种方式来判定、检测心理疲劳，其中有两个原则需要遵循。首先，检测应该是长期进行，因为长期积累的数据表现更为客观和准确。其次，心理疲劳的评定主要是个人化的、是以主观感受为主，对测试结果的评定应以自身对照为主。

（三）运动疲劳的恢复手段

1. 劳逸结合

根据运动疲劳的机制和原理,运动员在运动训练的过程中一定要注意劳逸结合,大量的实践与事实表明,劳逸结合的锻炼方式能有效消除运动中的运动性疲劳,有利于运动员运动训练的顺利进行。

第一,通过增加睡眠时间,提高睡眠质量来消除运动性疲劳。

第二,运动前做好充分的准备活动,运动后做好整理活动,这样能有效预防和消除运动疲劳。

第三,运动员在结束运动训练后,不要立刻静止不动,要采用积极休息的方法逐渐从运动状态过渡到静止状态,可以采用放松走、变换活动部位等方式进行,这非常有利于运动员机体的恢复。

2. 心理调节

根据运动心理学理论,通过一定的心理干预可对大脑皮层进行调节和消除机体疲劳。心理调节可在宜人的环境中进行,要注意室内或室外的温度、光线、声音、空间、空气等是否令人感到舒适,可以采用以下手段。

第一,充分的表象和冥想,树立参加运动训练的自信心,激发运动训练的兴趣和热情。

第二,自我积极暗示,语言暗示与鼓励的方式能提升人的自信心。

3. 音乐疗法

音乐疗法是通过音乐作用于个体心理进而引起生理上的变化来消除个体运动健身疲劳的方法,是一种有效的心理干预方法。

除了上述几种消除运动疲劳的方法之外,还有其他一些能有效消除疲劳的手段,如沐浴、按摩、补充营养等。运动员可以结合自身的特点和需要合理地选择。

三、正确处理运动损伤

（一）运动损伤的预防

1. 运动损伤预防的原则

（1）提升指导者意识原则。学生或运动员在参加运动训练时,为保证训练的有效性和安全性，可以请一些专业人士作指导，同时还要时刻提升自己预防运动损伤的意识。在平时的运动训练中，要加强预防运动损伤的教育工作，让运动者充分意识到预防运动损伤的重要性，时刻做好运动防护。

（2）合理负荷原则。不论是参加教学活动还是运动训练，运动者还要确定适宜的运动负荷，如果运动负荷不当就容易导致运动损伤。一个合理的运动负荷能极大地降低运动损伤发生的概率，确保运动者训练中的安全。但是，运动者要想更好地提升自身的运动技能水平，还需要适当地增加运动负荷，这样才能有效地提高运动技能水平。

（3）全面加强原则。全面加强主要是指增强运动者身体素质，提升运动水平。运动者需要具备良好的身体素质，良好的身体素质是运动者提高运动技能，杜绝运动损伤的重要基础和保障。因此，在平时的教学或训练活动中一定要注意这一原则。

（4）严格医务监督原则。为有效预防运动损伤，还需要加强医务监督。必要的医务监督有助于运动者及时发现身体不适等状况，实现早发现、早处理的目的。除此之外，在平时的教学和训练中，还要定期或不定期地检查各种体育硬件设施，杜绝安全隐患。

（5）自我保护原则。体育教学与训练活动存在着一定的风险，因此运动者在参加运动训练时还要注意自我保护，严格遵循自我保护的基本原则，努力提升自我保护意识，不断提升自我防护能力，避免运动损伤。

2. 运动损伤预防的措施

（1）加强力量训练，提高力量素质。力量素质在人体各项体能素质中占据着十分重要的地位。因为力量是其他各项素质的重要基础。运动者在参加户外拓展训练的过程中就能展现出强大的爆发力与协调力，这对于运动损伤的预防具有非常大的帮助。如身体对抗中的两名学生，身体力量占优的一方发生损伤的概率要相对低一些。由此可见，加强力量素质的训练非常重要。

（2）注重体格检查。体格检查也是预防运动损伤的一个重要措施，这有助于教师和学生充分了解身体发展状况，从而制订出科学合理的活动方案，从而有效避免运动损伤。

（3）加强自我保护。运动者在进行运动训练时要根据运动项目的特点学会自我保护的方法，在运动过程中加强自我保护，这样能有效预防运动损伤。

（4）维护良好的运动环境。在平时的教学或训练活动中,运动者要树立安全意识,维护良好的运动环境,这对于预防运动损伤具有重要的意义。

（二）运动损伤的处理

1. 擦伤

擦伤可以说一种常见的表皮损伤,擦伤后,多可表现为皮肤表皮剥脱,可伴渗液、出血。

运动者在参加运动训练时,发生擦伤的现象是比较常见的,这一现象发生后可以按照以下方法处理。

（1）较轻擦伤:生理盐水冲洗,涂抹红药水或紫药水或 0.1% 新洁尔溶液。

（2）大伤口擦伤:生理盐水刷洗、清理创面异物,碘酒或酒精消毒,涂云南白药,纱布包扎。

（3）关节擦伤:清洗、消毒,涂抹医用止血止痛药,如青霉素软膏。

2. 挫伤

挫伤,是一种受钝性外力作用产生的伤口闭合性损伤,与擦伤相比,挫伤的损伤程度要更深,伤后可伴有肿胀、疼痛、出血等现象的发生。

发生挫伤时,运动者可以采取以下方法做简单的处理。

（1）伤后即刻局部冷敷、外敷新伤药。

（2）四肢挫伤:包扎固定,及时送医。

（3）头部、躯干部严重挫伤:观察伤者是否受伤有休克、大出血现象,如有应先进行休克处理,尽快止血,及时送医。

（4）手指挫伤:冷水冲淋、按压止血,包扎。

（5）面部挫伤:冷敷,24 小时后热敷。

（6）伤情严重者及时送往医院处理。

3. 拉伤

拉伤一般情况下是人体肌肉过度收缩或拉长导致,拉伤主要是由准备活动不充分、动作用力过猛等原因导致的。

发生拉伤现象时,运动者可以采取以下方法处理。

（1）轻度拉伤：冷敷，局部加压包扎，抬高患肢。

（2）严重拉伤：简单急救后，立即送医。

4. 扭伤

扭伤是肌肉、韧带、关节超过自身活动范围的扭动所致，活动不充分、动作幅度过大、运动方向不当均可致伤，伤后会有疼痛、肿胀感，严重者有运动障碍。

运动者在发生扭伤现象时可以采取以下处理方法。

（1）指关节扭伤：冷敷，牵引放松，固定伤部。

（2）肩关节扭伤：冷敷和加压包扎。24小时后可按摩、理疗或针灸。

（3）腰部扭伤：平卧休息，伤部冷敷。

（4）膝关节扭伤：压迫痛点止血，抬高伤肢，加压包扎。及时就医。

（5）踝关节扭伤：压迫痛点，包扎固定；韧带断裂应压迫包扎并及时就医。

5. 关节脱位

关节脱位，指关节离开关节应在位置，关节脱位后关节及其周围肌肉有明显疼痛、肿胀，撕裂感，关节功能丧失。

运动者在发生关节脱位时可以采取以下处理方法。

（1）如有经验，可以及时复位。

（2）如无复位经验，及时送往医院救治。

6. 肩袖损伤

肩袖损伤主要是由肩关节超常范围急剧转动、劳损、牵拉、摩擦等引起。大学生在参加体力活动时，发生肩袖损时会感到一定的疼痛，肩外展或内旋疼痛会加重。

运动者发生肩袖损伤时可以采取以下处理方法。

（1）急性发作期间，暂停健身，肩关节制动，上臂外展30°固定，以减小有关肌肉张力而减轻疼痛症状表现。

（2）进行必要的休息、调整后，可做一些理疗、按摩和针灸。

（3）伴有肌腱断裂并发症时，立即送往医院救治。

7. 腰肌劳损

腰肌损伤是运动者在运动时腰部长期保持同一个状态或腰部动作过多，腰部肌肉运动幅度过大，长时间疲劳没有恢复的情况下持续运动而导致的。腰肌劳损的症状一般为酸痛,具有刺痛感。

运动者在发生腰肌劳损时可以采取以下方法进行处理。

（1）可以采用理疗、按摩、针灸等治疗手段。

（2）可以口服针对性药物。

（3）用保护带及加强背肌练习进行运动康复。

（4）顽固病例应进行手术治疗。

8. 髌骨劳损

髌骨劳损是髌骨的关节软骨面和髌骨因缘股四头肌张腱膜的附着部分的慢性损伤,发病时,有膝软与膝痛现象。

学生或运动员在参加运动训练时,如果发生髌骨劳损可以采取以下方法处理。

（1）根据自身实际情况适当地调整运动量的大小。

（2）注意受伤部位的积极性休息。

（3）可以采取按摩、理疗等手段进行治疗。

9. 韧带损伤

在参加运动训练时,操作不当可导致机体在做大幅度动作时拉伤韧带,出现韧带损伤时可以采取以下处理方法。

（1）弹力绷带做 8 字形（内侧交叉）压迫包扎,冷敷。

（2）棉花夹板固定,加压包扎、制动、减少出血、止痛。

（3）韧带完全断裂者及时送医处理。

（4）伤后 24 小时左右可中药外敷或内服、按摩、理疗。

（5）韧带完全断裂应及时送医进行手术缝合。

10. 骨折

骨的完整性遭到破坏的损伤称为骨折,运动健身时,机体遭到被动冲撞、挤压较容易导致骨折。骨折后,骨断裂,有强烈疼痛感,伤部骨骼扭曲,有开放性伤口且严重者可见骨骼。

运动者在发生骨折时可以采取以下处理方法。

（1）不要随意移动受到肢体,固定伤肢。

（2）出现休克现象时,先对进行人工呼吸。

（3）伤口出血不止,应及时采取止血措施,并送医治疗。

在发生骨折现象后,应尽量保持患者伤部固定不动,采取以下几种包扎固定的方法。

（1）锁骨骨折包扎固定，可采用横8字形绷带法（图8-1）、双圈固定法（图8-2）、胶布条固定法（图8-3）。

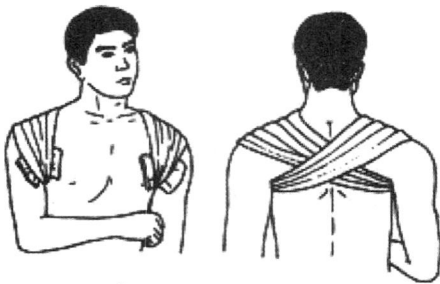

图8-1　横8字形绷带法　　　　图8-2　双圈固定法

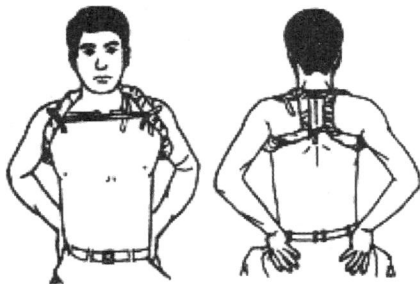

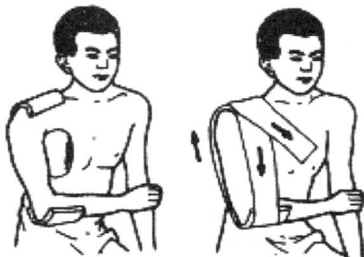

图8-3　胶布条固定法　　　　图8-4　夹板固定法

（2）尺桡骨干骨折：复位后，应用夹板固定（图8-4），或石膏固定。

（3）肋骨骨折，可用胶布固定法，如患者对胶带过敏，可用宽绷带固定（图8-5）。

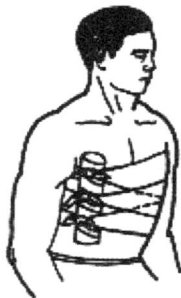

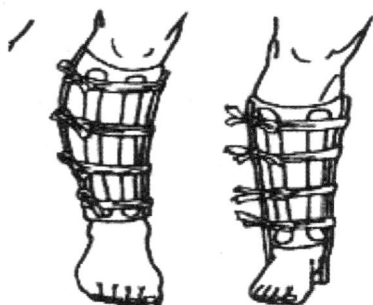

图8-5　胶布固定法　　　图8-6　小腿骨折包扎法

（4）小腿骨折,骨折位置不同,注意包扎固定方法与位置的差异(图8-6)。

第三节　质量保障

促进高校体育教学训练水平的提升,必须要加强教学质量方面的保障,构建一个健全和完善的质量保障体系和质量监控体系,如此才能保证高校体育教学训练活动顺利开展。

一、建立教学质量保障体系

我们在制订高校教学质量保障体系时,一定要注意以下三个方面的要求。

第一,要明白质量保障体系内的基本内容和结构。其内容主要包括输入质量保障、过程质量保障、输出质量保障、系统效率保障。输入质量主要包括教育目的、质量文化、生源、师资等方面。过程质量包括课程建设、教学方法、师生关系等方面。输出质量包括社会输出质量、学生学习质量两个方面。系统效率主要包括师生比、生均培养费用、时间效率、综合效率等方面。

第二,各高校必须根据社会需求、自身定位和教育本身发展规律,采取有效措施。

第三,根据本校的具体实际制订一个适合自身特征的教育质量保障机制,在此保障下,高校体育教学训练活动才能顺利地进行。

高校内部质量保障体系结构如图 8-7 所示。[1]

我们主要根据质量保障体系的特点,对质量保障体系的基本模型做出一个简单的设计,并对其各个系统进行简要的分析。

依据高校教学质量保障体系的功能及各构成要素可以确定质量保障体系的结构框架,这一框架如图 8-8 所示。

---

[1] 梁育科,荀灵生等.高等院校内部教学质量保障体系研究与实践[M].西安:西安交通大学出版社,2016.

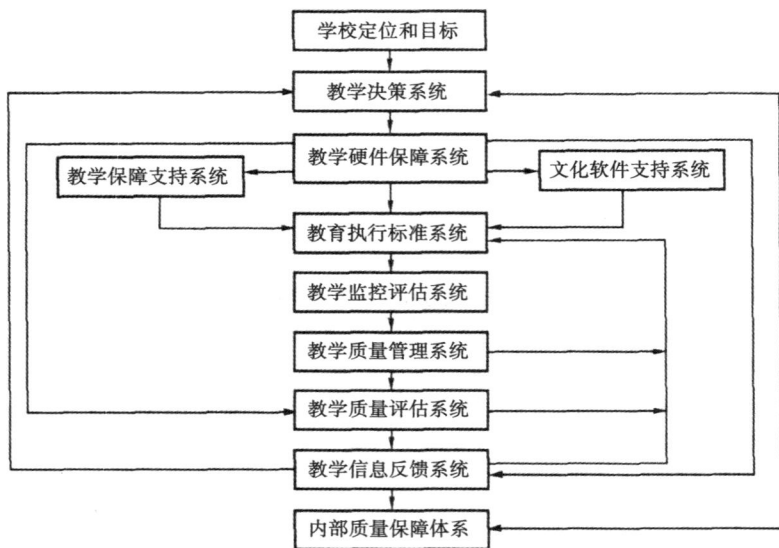

图 8-7

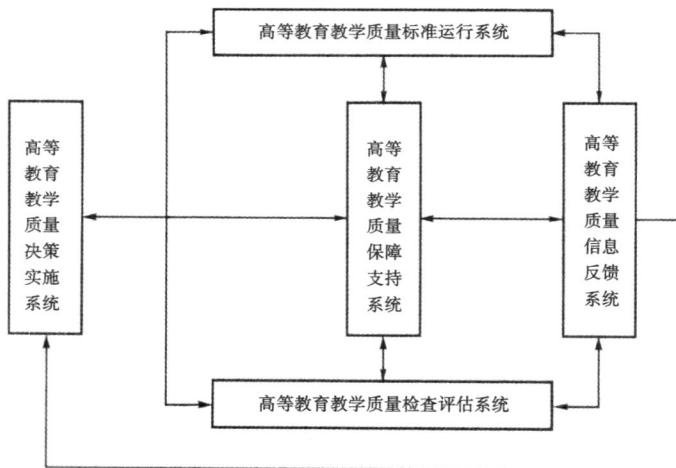

图 8-8

可以说,教学质量保障支持系统是整个系统的中心环节,它与其他环节之间的联系都非常紧密,相互作用、共同影响,从而推动着教学质量的发展。教育质量信息检测反馈系统作为整个系统过程中的最终处理环节,不仅反馈整个教育质量保障系统,同时对地域教学质量的决策实施系统还具有重要的作用。

二、建立教学质量监控体系

（一）教学质量监控目标体系

建立教学质量监控目标体系的主要目的是通过人才培养全过程的质量监控，促进人才培养目标的科学设计和人才培养目标的实现。具体而言，主要体现在以下三个方面。

（1）人才培养目标系统——主要监控点为人才培养目标定位、人才培养方案等。

（2）人才培养过程系统——主要监控点为教学大纲的实施、师资的配备、课堂教学质量、教学内容和手段的改革、考核内容和方式的改革等。

（3）人才培养质量系统——主要监控点为课程合格率、优秀率、各项竞赛获奖率、创新能力等。

（二）教学质量监控组织体系

在学校教育中，教学质量监控组织体系主要由教务处、教研组及教师构成三级监控组织，根据管理的职能，在不同层面上实施质量监控及协同监管。主要分为两大方面。

一方面，高校教学质量监控主要以教学过程自我监控为主。在校长的领导下，充分发挥高校教学工作领导小组的作用，负责本校的具体工作，如对教师的监督、对学生学习的监督等。

另一方面，教研室的教学质量监控以教学环节的日常监控为主。由教研室主任负责组织本教研室的听课、试卷命题、阅卷、试卷质量分析、毕业论文质量分析等工作，并通过校、系、教研室组织的各类检查评估（教案、作业布置与批改、教学进度计划、学生评教、教师评学、教研活动的开展等），严把各个教学环节的质量。

总体来看，当前我国高等教育教学质量还存在一定的缺陷，缺乏全面性，对于整个学校教学质量全面性的监控工作，更缺少相关的专门职能管理部门，以及相关规章制度。所以在建立高校内部质量保障体系的同时，一定要建立一个科学的教学质量保障组织系统。

（三）教学质量监控的方法体系

在学校教育质量监控中,要采用合适的监控方法,这样才能确保监控的有效性和合理性,通过长期的实践总结,科学的监控方法应该是以评估检查为重点,教学信息监控为辅助,针对教学全过程实施监控。

教学质量的监控主要包括教学信息监控、教学督导监控和调整控制方法等三个方面,其基本的操作方法如下所述。

（1）教学信息监控。通过日常的教学秩序检查,初期、期中和期末教学检查,教学信息反馈和学生学习信息反馈等常规教学信息收集渠道,及时了解和掌握教学中的动态问题。

（2）教学督导监控。对所有教学活动、教学环节、教学管理制度、教学改革方案等进行经常性的随机督导和反馈。

（3）调整控制方法。根据信息收集、信息处理进行及时地调控。

（四）教学质量监控的制度体系

在学校教育中,教学质量监控的制度体系主要是指以建立健全规章制度为先导,严格执行为保障,全面监控教学质量。

（1）建立科学、合理的教学研究制度。

（2）建立合理的听评课制度。行政领导、教学管理人员、教研组长及同行相结合的听评制。

（3）建立一个良好的学生评教制度。每学期通过问卷调查的形式,由学生作为课程教学评估的主体,对教师的教学质量进行评估。

（4）结合学校实际制订合理的教学常规制度。其中主要涉及教学计划、备课、上课、辅导、考试等几个环节的内容。

（五）信息反馈调控体系

在学校教育中,我们要以日常教学检查与专项评估为契机,以教学督导、学生教学信息员及用人单位为依托,加大反馈和调控力度,不断改进教学工作,促进教育教学质量的发展和提高。

一般来说,在构建信息反馈调控体系的过程中,我们需要重视以下几个方面的要求。

（1）常规教学检查反馈调控。对问题开展总结研究，及时查找和纠正教学工作中存在的问题，推动教学工作的持续改进。

（2）学生教学信息反馈调控。以学生教学信息中心为载体，及时收集、整理学生的意见和建议，坚持执行学生教学信息员制度，并反馈至个人，促进教学改革的深化和教学质量的提高。

（3）教师课程教学质量评价反馈调控。科学设计评价方案，进一步加强教师课程教学质量评价结果的应用，充分发挥其正面导引作用，促进教师改进教学方法和手段，提高教学水平。

（4）专项评估反馈调控。充分发挥各类专项评估的导向作用，坚持"以评促改、以评促建、以评促管、评建结合、重在建设"的方针，进一步加大督促整改的力度，切实规范教学管理，提高教学质量。

（5）人才培养质量反馈调控。及时调整人才培养方案，了解用人单位对毕业生的看法以及社会对高校人才培养的意见和建议，使高校各专业人才培养方案与社会需求保持动态的适应性。

参考文献

[1] 陈轩昂.新时期高校体育教学的改革与发展 [M].北京：航空工业出版社,2017.

[2] 杨乃彤,王毅.高校体育教学创新及运动教育模式应用研究 [M].北京：九州出版社,2019.

[3] 陈炜,黄芸.体育教学与模式创新 [M].北京：光明日报出版社,2016.

[4] 周全权.我国高校高水平运动队建设的制约因素及可行途径 [J].武术研究,2018,3（12）：146-149.

[5] 王凯珍,刘海元,刘平江,汪流.我国普通高等学校高水平运动队建设现状及发展对策 [J].首都体育学院学报,2011,23（02）：126-132.

[6] 谭智平.高校运动队管理探索 [M].长沙：湖南大学出版社,2009.

[7] 黄琪.普通高校高水平篮球队训练管理的改进对策研究 [D].武汉科技大学,2011.

[8] 周春娟.高校体育教学的影响因素分析与改革探索 [M].青岛：中国海洋大学出版社,2018.

[9] 张洪潭.体育基本理论研究 [M].桂林：广西师范大学出版社,2014.

[10] 沈建敏.体育教学创新与运动训练研究 [M].北京：新华出版社,2018.

[11] 陈强,陈莉.广东省民办高校体育训练存在问题及对策研究 [J].体育科技文献通报,2021,29（05）：111-112.

[12] 周文军.我国普通高校高水平运动队发展动力研究 [M].长沙：湖南师范大学出版社,2010.

[13] 左雪楠 . 高校体育理论课教学现状与存在的问题研究 [J]. 黑龙江科学 , 2021, 12（07）: 134-135.

[14] 顾长海 . 现代运动训练理论与实践研究 [M]. 上海：同济大学出版社 , 2018.

[15] 侯耀先 , 栾宏 . 有效教学论 [M]. 西安：西安出版社 , 2011.

[16] 胡永红 . 有效体育教学的理论与实证研究 [M]. 北京：北京体育大学出版社 , 2010.

[17] 高春红 . 卓越绩效模式理论与实践之探讨 [D]. 南京理工大学 , 2006.

[18] 彭美珍 . 卓越绩效管理模式在教学工作中的运用 [J]. 小学时代（教育研究）, 2011（08）: 1.

[19] 叶少明 , 谢讯 , 李朝群 . 高职院校教学质量管理卓越绩效模式的研究与实践 [J]. 当代经济 , 2013（01）: 84-86.

[20] 张文兰 . 信息技术与课程整合 [M]. 西安：陕西师范大学出版社 , 2012.

[21] 何克抗 , 吴娟 . 信息技术与课程整合 [M]. 北京：高等教育出版社 , 2007.

[22] 卢竞荣 . 学校课余体育训练探索 [M]. 长春：吉林大学出版社 , 2008.

[23] 李王杰 . 美国高校体育教学物质环境系统及启示——基于美国亚利桑那州立大学体育训练环境观研 [J]. 南阳师范学院学报 , 2020, 19（04）: 51-55.

[24] 曹青军 . 运动训练理论与实践 [M]. 北京：北京理工大学出版社 , 2010.

[25] 宫兵兵 , 吕康 , 蒋杨林 . 论体能训练的创新及应用——以安徽省运动员为例 [J]. 安徽师范大学学报（自然科学版）, 2021, 44（03）: 302-306.

[26] 李新安 . 生活化、智能化：中学体能训练理念创新与模式重构 [J]. 田径 , 2021（04）: 33-34.

[27] 许雷 . 南京大学女子高水平排球运动员功能性体能训练实证研究 [D]. 南京大学 , 2015.

[28] 唐智明 , 闫运运 . 刍议竞技体育技战术训练之创新 [J]. 山西师大体育学院学报 , 2001（02）: 68-69.

[29] 王磊.落点强化练习法对大学生羽毛球运动员后场球技术训练效果的实验研究 [J].吉林省教育学院学报,2017,33（10）:171-173.

[30] 司霄.高校高水平足球队战术训练方案的设计与运用效果研究 [D].山东大学,2018.

[31] 王朝金.探讨运动训练中的心理训练 [J].体育世界(学术版),2014（09）:45-46.

[32] 张艳茹.团体心理训练对提高高校集体运动项目群体凝聚力的实验研究 [D].北京体育大学,2011.